Inhaltsverzeichnis

Vorwort

Meine Mutter holt zweimal in der Woche die Kinder von der Schule ab, spielt mit ihnen und macht mit ihnen die Hausaufgaben. Sie hilft mir, Schul- und Anziehsachen zu besorgen und springt ein, wenn eines der Kinder oder ich krank sind. Warum nur bin ich trotzdem so erschöpft?

Mein Mann und ich machen alles zusammen: Arbeit, Haushalt, Einkaufen, Kinder abholen, Hausaufgaben und mit den Kindern spielen. Aber irgendwie habe ich trotzdem das Gefühl, dass alles immer an mir hängt. Oft fühle ich mich total down, und dabei geht es mir doch gut!

Der Papa meiner Kinder und ich leben zwar nicht mehr zusammen, aber er unterstützt mich, wo er nur kann: beim Abholen und Bringen der Kinder, bei Veranstaltungen und an den Wochenenden. Er geht zu Elternversammlungen und bringt die Große zum Tanzunterricht. Und trotzdem habe ich das Gefühl, alles allein machen zu müssen! Ich bin so müde und ausgebrannt. Wieso eigentlich?

Erkennst du dich in diesen Szenen wieder?
Dann herzlich willkommen in meinem Buch!

Gleich vorab: Keine Angst! Dies ist nicht die zweihundertfünfzigtausendste Abhandlung über die armen, gestressten, modernen Mütter und Alleinerziehenden, in denen man Seite für Seite Studien und Erklärungen über alte Rollenverteilungen und Feministen aus den 60ern und DDR-Mütter liest und die genau an der Stelle enden, an der man die praktischen Lösungen erwartet. Dieses Buch möchte ein Helfer sein, ein Nachschlagewerk oder eine Art Großmutter, die deine Probleme nicht nur versteht, sondern dir mit einfachen und schnell umzusetzenden Tipps im Alltag zur Seite steht.

Worum geht es?

Wenn du dich in den oberen Darstellungen wiederfindest, dann heißt dein Problem „Mental Load“.

Was das sein soll?

Erst einmal einfach erklärt bedeutet es: Mütter sind wandelnde To-do Listen, die immer »on« sind! Zu einem Familienalltag gehören nicht nur die Arbeit, die Aufgaben im Haushalt und die Kinderbetreuung, sondern auch alle Gedanken und Planungen, die du zu diesen Themen in deinem Kopf wälzt. Das klingt jetzt nicht sehr aufregend. Tatsächlich sind aber Dinge wie das Packen einer Tasche für eine Klassenfahrt Tätigkeiten, die eine Menge Umsicht erfordern. Es hört sich nach nur einer Stunde Arbeit an, beansprucht aber meistens ein bis zwei Tage, bis wirklich alles fertig ist – so vieles muss bedacht werden! Ein Familienalltag ist niemals einfach: Auch, wenn du mit deinem Partner, den Großeltern, Verwandten oder guten Freunden die Aufgaben nicht allein stemmen musst, rennst und machst und tust du doch den ganzen Tag und bist abends so erledigt, dass du nicht einmal mehr ein Buch lesen kannst. Viele Dinge, die dich früher entspannt und froh gemacht haben, wie ein Friseurbesuch oder ein Kaffee mit deiner Freundin, sind auch nur noch zu Terminen geworden, die man irgendwie in den Tag quetscht. Und wenn du dann nach Hause kommst, herrscht das blanke Chaos, die Kinder weinen wie verrückt und du denkst: Kann ich nicht einmal eine halbe Stunde etwas für mich tun, ohne das gleich die Hölle losbricht? Irgendwann macht nichts mehr Spaß, alles ist nur noch Abarbeiten von To-do-Listen. Und wagst du es einmal, dir eine winzige Auszeit zu gönnen, wirst du hinterher durch doppelten Stress „bestraft". Nein, so darf ein Alltag nicht sein. Und so muss er auch nicht sein!

In diesem Buch möchte ich dir nicht nur beschreiben, was du täglich alles leistest. Ich möchte dir Wege zu mehr Ruhe und Gelassenheit zeigen. Wenn man sich das Problem des Mental Load bewusst macht, ist schon der erste Schritt getan. Aber ich möchte mit dir weiter gehen: Nach jahrelanger Recherche von Fachliteratur und Expertenmeinungen habe ich 7 Schritte erarbeitet, wie du aus dem Mental Load herausfindest und in ein Leben zu mehr Selbstbestimmung und Freude zurückkehren kannst.

Denn:

„Das Glück des Lebens besteht nicht darin, wenig oder keine Schwierigkeiten zu haben, sondern sie alle siegreich und glorreich zu überwinden."

— Carl Hilty

Und aber auch:

„Der verlorenste Tag ist der, an dem man nicht gelacht hat."

— Nicolas Chamfort

Viel Spaß beim Lesen,

Johanna Stein

KAPITEL 1

Müsste ich nicht überglücklich sein?

„Ehe man eigene Kinder hat, hat man nicht die leiseste Vorstellung davon, welches Ausmaß die eigene Stärke, Liebe oder Erschöpfung annehmen kann."

— Peter Gallagher

Ich denke, dieses Zitat können wir Mütter erst einmal ohne Weiteres alle unterschreiben. Mama zu sein bedeutet, trotz Erschöpfung und Schlafmangel einen superanstrengenden Alltag zu meistern. Aber man macht das gerne – für die Kinder. Oder?

Vielleicht bist du gerade an einem Punkt, wo dir dieses „Das mache ich doch gern" im Hals stecken bleiben will. Und dabei ist im Grunde alles gut, sagst du: Deine Kinder sind gesund, gehen in die Kita oder in die Schule und haben Freunde, du hast deine Arbeit, eine gemütliche Wohnung oder vielleicht sogar schon ein Haus. Möglicherweise hast du einen Partner oder eine Partnerin, mit dem oder der du dir den Haushalt und alle Aufgaben rund um die Kinder aufteilen kannst. Oder du bist alleinerziehend, aber der Papa deiner Kinder oder deine Eltern wohnen in der Nähe und sind beim

Abholen, Bringen, Hausaufgaben machen oder der Spielplatz-Betreuung am Start. Du hast Freunde, die auch Kinder haben und mit denen du dich treffen kannst. Dein Einkommen ist okay: Friseur, ab und an neue Klamotten und Urlaub sind drin. Du möchtest zwar die Umwelt schonen und fährst meistens mit dem Fahrrad, aber für schlechtes Wetter, hektische Tage voller Termine oder den schweren Wocheneinkauf ist auch ein Auto vorhanden. Deine Kinder sind süß und klug und manchmal auch schon so selbstständig! Du liebst sie über alles, und es gibt so viele schöne Momente, in denen sie dir zeigen, dass auch sie dich lieben. Klar gibt es auch ab und an einmal Streit, aber kommt der nicht in allen Familien vor? Du müsstest eigentlich überglücklich sein, da alles gut läuft.

Aber du bist es nicht. Wo sind nur die Freude, das Lachen, der Spaß an den alltäglichen Dingen? Diese tiefe Befriedigung, die du früher verspürt hast, wenn du eine schwierige Hausaufgabe endlich erledigt hattest oder eine Prüfung überstanden war? Wenn nach einem langen Tag an der Uni oder der Berufsschule die Wohnungstür hinter dir „klick“ machte und dir klar wurde: Vorbei! Feierabend! Oder wo ist dieses tolle Gefühl, wenn deine Freundin zum Quatschen vorbeikam und ihr euch nach drei Stunden total befreit und verstanden gefühlt habt, weil ihr euch einfach allen Frust von der Seele geredet hattet? Selbst diese Zeit, als dein erstes Baby kam und du zwar vor Müdigkeit oft kaum gehen konntest, aber alles so neu und schön und anders war und ihr zusammengekuschelt auf dem Bett im Schlafzimmer eingeschlafen seid – selbst das ist einer tiefen Traurigkeit, oft sogar Gefühllosigkeit und unfassbaren Lustlosigkeit an allem gewichen.

Nein, du bist nicht überglücklich.

Woran könnte das liegen?

Ich bin doch keine Maschine!

Morgens um 6 Uhr klingelt der Wecker. Aufstehen, duschen, Kinder wecken, Frühstück machen. Du ziehst die Kinder an und füllst ihre Frühstücksboxen mit leckerem und gesundem Essen. Dann frühstücken, anziehen und los zur Kita oder zur Schule. Du fährst zur Arbeit. Anrufe, E-Mails und ein Berg Aufgaben erwarten dich, bis du um 15 Uhr Schluss machst und erneut zur Kita/Schule hastest. Dabei landest du natürlich im Berufsverkehr und musst aufpassen, weder von einem Autofahrer überfahren (Fahrrad) noch von so einem Idioten, der an der Ampel pennt, gerammt zu werden (Auto). Du schnappst deine Kinder, plauderst vielleicht noch kurz mit der Erzieherin oder dem Erzieher, wie heute alles war. Auf dem Heimweg macht ihr schnell einen Stopp im Supermarkt, weil der Apfelsaft und der Käse alle sind. Danach eine Stunde Spielplatz, wobei du die Zeit nutzt, deine Mutter anzurufen und mit ihr die Ferientermine zu besprechen, und alle WhatsApp-Nachrichten versuchst zu beantworten, die sich auf deinem Handy angesammelt haben, während du dem Kleinen auf die Rutsche hilfst. Zu Hause versuchst du, deine Tochter zu überreden, noch fünf Minuten

Klavier zu spielen, obwohl es bereits 18 Uhr ist und deinem Sohn für fünf Minuten sein Feuerwehr-Buch anzusehen (was er sonst stundenlang kann), damit die Schwester in Ruhe üben kann. Danach gibt es Abendbrot, du duschst die Kleinen. Während sie ihren Sandmann gucken, räumst du den Abendbrottisch ab und schüttelst im Kinderzimmer noch einmal kurz die Betten auf, weil du das heute Morgen in der Hektik nicht mehr geschafft hast. Nach dem Sandmann gibt es eine Geschichte und ein Gute-Nacht-Lied und eine Viertelstunde Kuscheln zusammen im Bett, wobei der Kleine einschläft und du ihn nur in sein Bettchen legen brauchst. Die Große will dir nun im Flüsterton erzählen, dass Tom aus der Eichhörnchen-Gruppe sie heute gehauen hat und sie morgen nicht mehr in die Kita möchte. Weitere 20 Minuten vergehen, bis du sie ein wenig getröstet und mit ihr gemeinsam überlegt hast, wie sie das lösen könnte. Dann gehst du ins Wohnzimmer, wo ein Haufen frisch gewaschener Wäsche darauf wartet, zusammengelegt zu werden. Nebenbei schaust du die Nachrichten oder hörst dir einen Podcast über gesunde Rezepte für Kinder an. Danach checkst du noch Facebook und Insta und beantwortest weitere fünf WhatsApp-Nachrichten, bevor du dich in dein Nachthemd wirfst und über dem Ratgeber „Erziehen ohne Schimpfen" einschläfst. Nach einer Stunde wirst du geweckt, weil der Kleine nach dir ruft – er hatte einen Albtraum. Du nimmst ihn schnell mit in dein Bett, damit die Große nicht aufwacht und kuschelst ihn, bis er wieder einschläft. Du trägst ihn vorsichtig ins Bettchen und kriechst müde unter deine Bettdecke. In fünf Stunden klingelt wieder der Wecker.

Schon allein ein solcher Tag ist ein Mammutprojekt für deinen Körper und deine Psyche. Du erledigst alles, hast aber kaum Zeit zum Ausruhen und zum mentalen Abschalten, von deinen eigenen Wünschen und Bedürfnissen nach einer erfüllenden Freizeitaktivität ganz zu schweigen. Cordula Nussbaum, Expertin für Familie und Alltag, erklärt es so: Ein Familienalltag sei in jedem Fall stressiger als das Leben ohne Kinder. Mütter wären nach Arbeitsschluss mit vielen weiteren Pflichten konfrontiert und könnten nicht entspannen: „Ihr Körper – besonders solange die Kinder noch klein sind – ist immer in Alarmbereitschaft. Und Schlafmangel hinterlässt seine Spuren."[1] Und das ist noch nicht einmal alles. Es fehlt noch etwas: Neben all den Arbeiten, die du erledigt hast, steht hier nichts von lebendig und auf Augenhöhe geführten Diskussionen über Anziehsachen, Wutattacken und deren konstruktive Behandlung beim Essen oder auf dem Weg zur Schule/Kita. Wir haben noch nicht über für beide Seiten zufriedenstellend geführte Debatten mit deinem Partner oder deinen Eltern über Erziehungsfragen gesprochen oder über alles abwägende Überlegungen zu gesunder Ernährung, biologisch vertretbarer Kinderkleidung und der Frage, ob du deinen Partner zum Elternabend gehen lassen kannst, ohne dass hinterher die Hälfte aller wichtigen Informationen fehlt. Das alles tust du nämlich auch oder möchtest es gerne tun. Du möchtest gerne ruhig und verständnisvoll sein, wenn deine Kinder traurig oder wütend sind. Du möchtest dich mit deinem Partner oder den Großeltern oder anderen Bezugspersonen deiner Kinder nicht ständig streiten, sondern diskutieren und zu einem guten Kompromiss für beide Seiten kommen. Du möchtest mit ihnen an einem Strang ziehen, wenn es um die Kinder geht! Und natürlich ist dir die Gesundheit deiner Kinder nicht egal, du nimmst am modernen Leben teil, indem du auf gesundes Essen achtest und dich über das Pro und Kontra von Impfungen informierst und vieles dergleichen mehr. Doch je mehr du dich anstrengst, je mehr du machst, desto weniger zufrieden bist du. Der Berg der Pflichten scheint ständig zu wachsen. Du kommst kaum noch hinterher, hetzt von einem Termin zum nächsten, aber nichts scheint dazu zu führen, dass du dich besser fühlst. Alle um dich herum scheinen immer nur zu fordern, immer will jemand irgendetwas! Und du bist doch keine Maschine! Du bist ein Mensch, der auch einmal eine Pause braucht.

Meine 1000 Rollen – oder: Hätte ich Schauspielerin werden sollen?

Vielleicht hast du auch schon einmal dagesessen und überlegt, wie sich deine Aufgaben und damit auch deine Rollen, die du in deinem Leben mittlerweile zu spielen hast, vervielfältigt haben: Du bist in erster Linie natürlich Mama und kümmerst dich um deine Kinder. Aber du bist auch Partnerin, die für ihren Partner da ist, ihm zuhört und mit ihm seine Sorgen bespricht, sich für ihn hübsch macht, seine Liebhaberin sein möchte. Du hast eine Arbeit, bist vielleicht eine Selbstständige oder eine Karrierefrau, die Termine und Pflichten zu erledigen hat, an die ein Chef oder die Kunden hohe Erwartungen stellen und die durch Fleiß und Weiterbildung beruflich weiterkommen möchte. Du bist eine Freundin für viele Personen, mit denen du dich treffen oder mit denen du telefonieren möchtest, die Geburtstag haben und eine kleine Aufmerksamkeit von dir erwarten, denen du in schweren Situationen beistehen möchtest und mit denen du lachen und Spaß haben willst. Du bist eine Tränentrocknerin, manchmal ein Kummerkasten, du bist eine Organisatorin und persönliche Assistentin, du bist Köchin und Haushälterin. Du bist die freundliche Nachbarin, die gern mit zwei Eiern oder einer Tasse Mehl aushilft. Vielleicht bist du auch Altenpflegerin und besuchst einmal pro Woche deine zerbrechlich gewordene Oma in ihrem kleinen Häuschen und hilfst ihr mit dem Einkauf oder den Tabletten. Du bist Mentorin und Coach für Schulhofprobleme und die erste enttäuschte Liebe. Du bist Mutmacherin für kleine Mädchen, die denken, sie könnten niemals Klavier spielen lernen. Du bist Modeberaterin und Innenarchitektin für gemütliche Wohn- und Schlafzimmer. Vielleicht bist du auch noch Gärtnerin oder Fachfrau für exakt geschnittene Buchsbaumhecken oder unkrautfreie Bordsteine. Jeder in deinem Umfeld kommt mit seinen Sorgen und Nöten zu dir, sucht deinen Rat, Trost, Zuspruch oder deine Umarmung. Das ist ein wunderbares Gefühl! So haben wir es jedenfalls gelernt: Zu geben bedeutet, glücklich zu sein. Zahlreiche Sprichwörter bezeugen das, und auch in der Bibel steht es geschrieben:

„Geben ist seliger als nehmen." (Apostelgeschichte 20, Vers 35).

Aus philosophischer Sicht ist das gewiss richtig. Aber es ist nicht die absolute Wahrheit. Es bedeutet nicht, dass dein Leben ausschließlich aus Geben bestehen sollte. Denn du darfst dich zu Recht fragen: Was ist mit mir als Person? Was ist mit meinen Bedürfnissen? Wer erfüllt meine Wünsche? Muss ich nun für den Rest meines Lebens immer nur für andere da sein und mich komplett zurücknehmen?

Mental was bitte? Was sich hinter dem Begriff Mental Load verbirgt

Jetzt sagst du vielleicht: Ok, super, dass mir einmal jemand aus der Seele redet und Respekt dafür ausdrückt, was ich hier den ganzen Tag so leiste. Und es ist auch ein gutes Gefühl, dass jemand einmal darauf aufmerksam macht, dass ich auch ab und an gern diejenige wäre, die sich etwas wünschen darf. Aber wie soll das in einem von vorn bis hinten durchgeplanten Alltag möglich sein? Und was genau ist denn nun dieses Mental Load?

Um das noch etwas deutlicher zu machen, greifen wir das Beispiel aus der Einführung noch einmal auf: Wir stellen uns vor, dass dein Kind zum ersten Mal zu einer Klassenfahrt fährt. Theoretisch müsstest du „nichts weiter" tun als ihm zu helfen, seine Tasche zu packen und es am Donnerstag pünktlich zum Reisebus zu bringen. Ein paar Wechselsachen eingepackt, abends den Wecker gestellt, fertig. Doch in deinem Kopf rattern diese Gedanken: Welche Sachen packe ich ein? Schnell das Wetter der nächsten Tage für den Ferienort gegoogelt. Ok, der Ferienort liegt in den Bergen, also eher warme Sachen einpacken. Reichen zwei Pullis? Lieber drei, für alle Fälle, falls einer verloren geht oder beschmiert wird oder sonst etwas! Nun die Frage der Schuhe: Wanderschuhe, Hausschuhe, vielleicht noch Turnschuhe zum Wechseln? Badelatschen für die Dusche nicht vergessen, sonst droht Fußpilz oder Ausrutschen auf den nassen Fliesen! Thema Jacke: Natürlich die warme Jacke, in den Bergen ist es kühl! Aber beim Wandern schwitzt man schnell, also doch lieber die Funktionsjacke und eine Strickjacke zum Darunterziehen.

Ein Ausflug ins Badeparadies ist geplant, also die Schwimmsachen nicht vergessen. Wo war denn der Badeanzug? Dir fällt ein: Das Kind braucht eine Badeerlaubnis! Also schnell einen Zettel geschrieben. Und natürlich das Schwimmabzeichen, damit es ins tiefe Wasser darf. Wo war das doch gleich? Du suchst eine halbe Stunde lang das Schwimmabzeichen, bis du es im Impfausweis entdeckst. Impfausweis? Nein, der muss nicht mit, aber die Krankenversicherungskarte! Die kommt ins Portemonnaie. Apropos: Taschengeld: Wie viel ist angemessen? Sind 50 Euro zu viel? Aber wenn mein Kind etwas besonders Schönes sieht und es dann nicht kaufen kann? Und man will ja auch nicht die knauserige Mutter sein, deren Kind zu wenig dabei hatte und sich am letzten Abend keine Brause mehr kaufen kann …

Was gleich zur nächsten Geldthematik führt: das Smartphone: Wie viel Guthaben hat mein Kind noch? Reicht das? Es muss sich ja melden können, wenn es angekommen ist und wenn etwas sein sollte. Also lieber noch mal nachladen. Und das Ladegerät nicht vergessen! Wann sind die Kinder eigentlich wieder da? Und wie erfahre ich, wenn sie Verspätung haben? Hat die Lehrerin meine Handynummer für Notfälle? Und vielleicht noch die vom Papa oder von Oma und Opa, falls ich mein Telefon nicht höre? Die Busfahrt ist lang, also ein wenig Vesper einpacken. Nichts, was unterwegs matscht, aber immer nur Kekse sind nicht gesund. Maiswaffeln? Reicht eine Packung? Lieber zwei. Und vielleicht noch ein Buch, eine Zeitung oder etwas zum Spielen für die lange Fahrt? Wo ist denn dieses kleine Reiseschach, das Opa letztes Jahr aus dem Urlaub mitgebracht hat? Das wäre doch optimal ...

Im Großen und Ganzen bist du mit einer Sache, die eigentlich nach einer, höchstens zwei Stunden Arbeit klingt („Tasche packen") ein bis zwei Tage beschäftigt. Und dazu kommt die Aufregung, all die Gedanken, die durch deinen Kopf geistern, weil dein Kind zum ersten Mal ohne dich mit seiner Klasse wegfährt! Was ist, wenn mein Kind Heimweh hat? Darf es mich dann anrufen? Hole ich es ab, wenn das zu schlimm wird? Und ab wann ist „schlimm"? Nimmt man in der zweiten Klasse noch Kuscheltiere mit? Was passiert, wenn mein Kind die Gruppe verliert? Oder sich verletzt? Kommt es dann vor Ort ins Krankenhaus oder wird es in unser Krankenhaus gebracht? Soll ich ihm noch Reisetabletten einpacken, falls ihm übel wird? Oder lieber gleich eine ganze

Notfall-Reiseapotheke mit Fiebertabletten und allem? Oder ist das zu viel des Guten? Ich frage morgen die Lehrerin, ob sie oder der Reisebus Notfall-Apotheken dabei haben. Und was passiert, wenn mein Kind auf ein Zimmer mit anderen Kindern kommt, die es nicht mag? Das könnte ich bei der Gelegenheit auch gleich noch erfahren.

Die Bloggerin Patricia Cammarata, die den Begriff „Mental Load" nach Deutschland brachte, beschreibt das Problem so: Mental Load, das seien diese „schier endlosen Familien-To-do-Listen im Kopf bei uns Müttern. Dieses pausenlose Rattern: Habe ich wirklich an alles gedacht?"[2] Genau dies kannst du in unserem Beispiel oben beobachten: Du machst dir eine Menge Gedanken, hakst im Kopf einen Punkt nach dem anderen ab, dir fallen noch zusätzlich weitere wichtige Dinge ein, eins bringt dich zum anderen und du wirst die ganze Zeit über von der Angst getrieben, bloß nichts zu vergessen – denn schließlich bist du verantwortlich, wenn in der Tasche für die Klassenfahrt etwas fehlt oder irgendetwas im Vorfeld nicht besprochen wurde und dein Kind dadurch Nachteile hat. Das sind zwei verschiedene Aspekte von Mental Load: Zum einen die viele unsichtbare Arbeit, die du vollbringst, also in unserem Beispiel all deine Gedanken rund um die Planung und Organisation der Aufgabe, die Tasche für dein Kind zu packen. Und zum Zweiten der Druck, der entsteht, weil du allein die Verantwortung für das Tasche packen und die Organisation der Klassenfahrt für dein Kind trägst.[3] Was diese beiden Aspekte von Mental Load verbindet und damit auch das ganze Problem des Mental Load so schwierig nachzuvollziehen macht, das ist, dass nichts davon nach außen sichtbar und messbar ist.[4] Schließlich kann niemand von außen in deinen Kopf sehen! Und jemand, der das noch nie gemacht hat, sei es nun der Papa der Kinder oder deine Freundin, die selbst keine Kinder hat – keine dieser Personen kann nachvollziehen, was das für eine Anstrengung und Arbeit ist. Aber das ist es! Organisation und Planung, auch wenn sie nur im Kopf stattfindet, zieht Unmengen von Energie. Dein Kopf schaltet nicht ab, dein Körper produziert weiterhin Stresshormone, weil du angespannt bist. Deine Nerven liegen blank, du kommst nicht zur Ruhe. Während andere Menschen nach der Arbeit auf der Couch liegen, fernsehen, lesen, sich mit Freunden treffen, Sport treiben, sich etwas Leckeres kochen oder einfach Löcher in die Luft starren oder sonst etwas tun, worauf sie Lust haben und was ihnen mental Entspannung bringt, weil sie dabei über nichts weiter nachdenken müssen, sieht es bei dir so aus: Du stehst in Bergen von Wäsche und versuchst, dich an deine Klassenfahrten zu erinnern und daran, was dort gebraucht wurde. Oder, um einmal ein anderes Beispiel zu nennen, du gehst die Schulsachen deiner Kinder durch und passt auf, dass alle Hausaufgaben erledigt sind, die Tintenpatronen aufgefüllt, die Brotbox im Geschirrspüler gelandet und der Eintrag im Hausaufgabenheft unterschrieben ist. Oder du überredest deine natürlich auch geschafften und daher schlecht gelaunten Kinder mit Engelszungen, gemeinsam mit dir in die Stadt zu kommen, weil sie neue Schuhe für den

Herbst brauchen. Und während du sie in ihre Jacken und Schuhe zwängst, gehst du schon einmal die möglichen Schuhläden im Kopf durch, in denen es vernünftige Schuhe zu kaufen gibt, und welchen Weg ihr gehen könntet, damit ihr nicht am Eiscafé („Mamaaaa, ich will ein Eis!“) vorbei laufen müsst.

Mental Load ist etwas, das man nicht sehen kann. Es ist eine Art Anstrengung oder Arbeit, die für Außenstehende oft nicht nachvollziehbar ist und in einigen Fällen, wenn du sie thematisierst, sogar herabgewürdigt wird. Vielleicht kennst du Sätze wie „Du machst dir viel zu viele Gedanken“ oder „Mach doch nicht immer so viel Aufhebens“.

Das macht die ganze Sache noch frustrierender, weil diese Art von Anstrengung, die du jeden Tag vollbringst und die auch gut und wichtig ist, durch solche Aussagen für nichtig erklärt wird. Du gibst also deine wichtige Freizeit her, die du eigentlich bräuchtest, um dich von deiner Arbeit zu erholen und neue Kraft zu tanken, und bekommst dafür auch noch zu hören, dass das völlig überflüssig sei und du das „doch nicht tun musst". Gibt es etwas Frustrierenderes? Denn Kindern ein gutes Zuhause zu geben bedeutet, viel Aufhebens zu machen. Aber eines darf dabei auf keinen Fall untergehen, nämlich die Frage:

Wenn Mama für alle sorgt – wer sorgt denn dann für Mama?

Vielleicht sagst du: Das klingt ja alles gut und schön, aber irgendwie auch ein wenig schwammig, nicht so richtig greifbar. Schauen wir uns doch daher einige interessante Daten und Fakten an. Die Hans-Böckler-Stiftung untersuchte 2017 den tatsächlichen Zeitaufwand für Care-Arbeit bei Männern und Frauen.[5] Die Umfrage ergab, dass alle Erwerbstätigen in Deutschland, ganz gleich, ob sie Kinder haben oder nicht (!), im Durchschnitt unterschiedliche Zeiten für Haushalts- und Pflegeaufgaben (die in kinderlosen Haushalten ja auch auf ältere Menschen anfallen können) verwenden: Bei den Männern waren es in der Vollzeitbeschäftigung 2:08 Stunden täglich, bei den Frauen, die auch in Vollzeit arbeiten, 3:29 Stunden – fast doppelt so viel! Betrachtet man nur die Haushalte mit Kindern, so wird das nicht besser: In den Haushalten mit Kleinkindern (0-6 Jahre) wenden Männer im Vollzeitarbeitsverhältnis durchschnittlich 3:08 Stunden für unsichtbare Arbeit auf, Frauen dagegen in Vollzeit 4:52 Stunden, wobei Vollzeit bei Frauen mit Kleinkindern offensichtlich so selten vorkommt, dass dazu nur Aussagen unter Vorbehalt gemacht werden konnten. Die meisten Frauen dieser Rubrik sind teilzeitbeschäftigt und wenden 6:06 Stunden täglich für Haushalt und Care-Arbeit auf.[6] Von Fifty-fifty-Aufgabenverteilungen sind wir also noch meilenweit entfernt. Und hier haben wir nur von den Aufgaben gesprochen, nicht vom Mental Load, also der Verantwortung und Planung. Es ist schließlich ein großer Unterschied, ob der Partner oder die Oma sich bereit erklären einkaufen zu gehen und mit deinem Zettel in der Hand lostraben, oder ob sie selbst überlegt haben, was gekocht werden soll, welche Zutaten nötig sind und was noch alles im Schrank steht, und DANN einkaufen gehen. Das klingt nach Erbsenzählerei? Dann probiere es aus und stoppe einmal die Zeit, die du brauchst, um einen Einkaufszettel für einen Wocheneinkauf zu schreiben, inklusive des Durchsehens der Vorratsschränke und der Planung des Essens. Unter 30 Minuten kommst du nicht weg! Und so ist es mit beinahe allen Alltagspflichten. Ihre Vorbereitung und Planung frisst oft genauso viel Zeit wie ihre Durchführung. Daher hilft es auch nicht, Aufgaben einfach nur abzugeben. Es wird in deinem Kopf weiterhin arbeiten, weil du dich fragst, ob der andere die Aufgabe auch so erledigt, wie es nötig ist. Und so ist es nicht verwunderlich, dass du dich irgendwann total übermüdet und down durch deinen Alltag schleppst. Leidest du gelegentlich oder sogar oft unter Schlaflosigkeit? Hast du mindestens ein oder zwei Mal pro Woche Rücken-, Bauch- oder Schulterschmerzen? Hast du Migräne? Gibt es in deinem Leben keine Zeit mehr für Hobbys oder Freunde? Hast du das Gefühl, dass dich die Termine und Pflichten erdrücken? Endet dein Tag oft, ohne dass du dein dir gesetztes Tagespensum geschafft hast? Wenn du all diese Fragen oder einige davon mit „ja" beantworten kannst, dann geht es dir nicht gut. All diese Dinge sind Anzeichen einer Überlastung.

Vielleicht denkst du bei dem Wort „Überlastung“ an „Versagen“ oder „zu schwach“.[7] Falls dir dieser Gedanke durch den Kopf schießt, dann frage dich bitte: Wer kümmert sich um dich? Du sorgst dich schließlich nicht nur um deine Kinder, du schaust auch, dass dein Partner sich ausruhen kann, wenn er von der Arbeit kommt, du passt auf, dass deine immerhin schon 65-jährige Mutter nicht permanent eingespannt wird, du überlegst zweimal, ob du deine Freundin aus ihrem wohlverdienten Feierabend reißen willst, weil bei euch mal wieder die Luft brennt. Du sorgst dich um alle – außer um dich selbst! Dir geht es nicht gut, und das bedeutet, dass du dich auch um dich selbst kümmern solltest, damit es dir wieder besser geht – denn das ist der Unterschied zwischen den Kindern und den Erwachsenen. Als Kind haben deine Eltern oder Bezugspersonen dafür gesorgt, dass es dir besser geht, wenn du dich nicht gut gefühlt hast. Jetzt musst du das selbst tun! Aber keine Sorge, dass bedeutet nicht, dass du allein bist – ganz im Gegenteil. Und ein Grund zum Verzweifeln ist das auch nicht.

Eine Reise mit tausend Meilen beginnt mit einem kleinen Schritt

Dieses Zitat des chinesischen Philosophen Laozi finde ich nicht nur ermutigend, wenn ich etwas Neues beginne. Ich kann dich sogar beglückwünschen und dir sagen: Du wendest diese wunderbare Lebensweisheit bereits an!

Du hast schon den ersten wichtigen Schritt in Richtung einer Besserung deines inneren Gleichgewichts getan: Du hast dieses Buch in die Hand genommen, weil du gemerkt hast, dass es ein Problem gibt. Du hast gemeinsam mit mir objektiv einen ersten Blick auf deinen Alltag geworfen und festgestellt: Ja, so kann es nicht bleiben. Das ist einfach mehr, als ein Mensch je bewältigen kann. Ich bin kein Roboter, ich bin ein Mensch mit eigenen Träumen, Wünschen und Bedürfnissen. Und ich möchte wieder Freude an meinem Leben haben. Ich möchte nicht diese abgehetzte, kraftlose Mama sein, als die ich schon viel zu lange durchs Leben gehe. Ich möchte zurück zur Freude, zum Genuss, zum Lachen, zum Loslassen. Ich möchte die Zeit mit meinen Kindern und allen anderen um mich herum in vollen Zügen genießen, und ich möchte nicht bei jeder scheinbaren Kleinigkeit einen halben Nervenzusammenbruch erleiden. Wenn du so fühlst, dann lass uns gemeinsam losgehen!

In 7 Schritten überlegen wir, woher das Mental Load in deinem Leben kommt, welche – vielleicht schon in deiner Kindheit – übernommenen Verhaltensweisen, aber auch Gedanken und unbewussten Erwartungen du an dich und dein Umfeld hast. Wir überprüfen anhand der Tipps und Tricks aus dem Minimalismus, wo wir zusammen in deinem Leben aufräumen können. Wir schmeißen unnötigen Ballast aus dem Fenster, wir durchbrechen Verhalten und Strukturen, die zu Überlastung und Frust führen. Ich zeige dir Methoden, wie du Stress abbauen und kleine Oasen der Ruhe und Freiheit in deinen Alltag integrieren kannst und dadurch zu mehr innerer Ruhe und einem entspannten Gemüt kommst. Und ich möchte, dass du weißt: Es liegt zwar auch an dir, einige Gedanken und Handlungsweisen zu ändern, aber es ist NICHT deine Aufgabe, immer alles allein zu machen. Auch bei deinem Umfeld – deinem Partner, deinen Eltern, Freunden und sogar bei deinen Kindern – muss und wird sich einiges tun. Du meinst, dass das nicht geht? Und ob! Natürlich werden wir nicht von heute auf morgen dein komplettes Leben umkrempeln.

Wir machen das in Ruhe, Schritt für Schritt. Und wenn du für die eine oder andere Sache etwas mehr Zeit zum Nachdenken brauchst oder zum Umsetzen, ist das überhaupt nicht schlimm. Manche Dinge brauchen Zeit und Raum, um zu wachsen. Dafür hast du ja mein Buch. Du kannst es zur Hand nehmen, weglegen, aufgeschlagen liegen lassen oder auch einmal für eine Woche ins Regal stellen. Ich werde nicht bei dir klingeln kommen und kontrollieren, ob du deine „Hausaufgaben" gemacht hast, versprochen!

Und nun: Lass uns loslegen!

Denn:

„Sich neuen Ideen zu öffnen, lässt Sonnenstrahlen in uns leuchten."

— Angelika Emmert

Und:

„Wer immer nur funktioniert, entzieht sich dem Abenteuer des Lebens."

— Armin Mueller-Stahl

KAPITEL 2

Mehr als nur Symptome – zwischen Stolz, Stress und Stimmungsschwankungen

Die Ursachen von Mental Load

Nachdem wir besprochen haben, was Mental Load ist, machen wir uns gemeinsam auf die Suche, woher dieses „Rattern im Kopf" kommen könnte. Einige Ursachen wurden bereits erwähnt: Aufgabenverteilungen, die, genauer betrachtet, doch nicht fifty-fifty sind, der Stress, der aus der permanenten Verantwortung für alles, was die Familie betrifft, entsteht, Streits und nervenaufreibende Diskussionen im Alltag und Unsicherheiten in Fragen Kindererziehung und Lebensweise.

All diese Faktoren sind durch einen Punkt miteinander verbunden: Sie beruhen einerseits auf Tatsachen, die wir nicht ändern können, andererseits aber auf Gedankenmustern und Verhaltensweisen, an denen gearbeitet werden kann. Um nun auseinanderzuklamüsern, was Fakt und was änderbare Einstellung ist, können uns diese Fragen weiterhelfen: Woran liegt es, dass die Aufgaben im Haushalt nicht gerecht geteilt sind? Weshalb haben wir Mamas ständig die Verantwortung für alles? Wieso wird bei uns zu Hause permanent über jede Kleinigkeit gestritten? Warum erzählt mir jeder etwas anderes über Kindererziehung und gesunde Ernährung? Diesen Fragen und vor allem, was sie bei uns Mamas bewirken, wollen wir im folgenden Kapitel nachgehen.

Die ideale Mutter

„Eine Mutter, eine richtige Mutter, ist das Allerschönste: Sie ist dein Schutzengel. Sie behütet dich, Tag und Nacht. Sie hat dich lieb. Und sie wiegt dich in den Schlaf."[8]

Vielleicht musst auch du bei diesem Zitat aus der schönen, alten Peter-Pan-Verfilmung von Walt Disney laut aufseufzen und sagen: Ja, das wäre ich gern, genau so eine Mutter. Mir ging es immer so (und, ehrlich gesagt, auch jetzt manchmal noch). Es ist einfach ein schönes Bild: Die liebe, engelhafte Mama, die ihr Kind von Herzen umsorgt und tröstet, es auf den Arm nimmt und vor allem Bösen auf dieser Welt beschützen will. Unsere Kirchen und Gemälde-Galerien sind voller Darstellungen der Mutter Gottes, die mit innigem Blick auf ihr Baby herabsieht oder verzweifelt die Augen auf die ferne Zukunft richtet, in der sie ihren geliebten Sohn furchtbarem Leid ausgesetzt sieht.[9] Leider muss ich dir jetzt auf schmerzhafte Art ein Pflaster abreißen, aber ich denke, es ist besser, wenn ich es gleich mache: Dieses Mutterbild hat NICHTS mit Biologie zu tun. Ja, es gibt eine Menge

Untersuchungen über Mutter-Kind-Bindungen, und sicherlich ist in dieser Rubrik noch nicht jedes Geheimnis gelüftet. Die Psychologin und Professorin für Entwicklungspsychologie, Lieselotte Ahnert, hat ihren Forschungsschwerpunkt auf das Thema der frühkindlichen Bindungen gelegt und kam zu diesen Ergebnissen: „Bindung ist die Bezeichnung für eine enge emotionale Beziehung zwischen zwei Menschen. (…) Die primären (ersten/vorrangigen) Bindungen entstehen mit Bindungspersonen, zu denen das Baby den intensivsten Kontakt in den ersten Lebensmonaten hat."[10] Das KANN die biologische Mutter sein, muss aber nicht: Die Beziehung muss „gemeinsam gestaltet und aufrechterhalten" werden.[11] Eine Mutterschaft ist aber nicht nur biologisch, sondern auch sozial möglich, etwa als Stiefmutter, Pflegemutter, Transgendermutter oder intersexuelle Mutter: „Mutterschaft ist nicht eine rein körperliche Tatsache, sondern (auch) eine Art Funktion, eine zwischenmenschliche Beziehung mit besonderen Eigenschaften der Fürsorge", schreibt die Kleinkindpädagogin Susanne Mierau mit Referenz auf Ahnert.[12] Außer dem Stillen gäbe es nichts, was Väter nicht auch könnten. Untersuchungen hätten ergeben, dass, wenn ein Baby schreit, bei Vätern und Müttern gleiche Reaktionen (Herzschlag, Blutdruck, Ausschüttung von Stresshormonen) ausgelöst würden und biologisch die intuitiv guten Reaktionen darauf (Fürsorge und Pflege) bei Mama UND Papa gleichermaßen vorhanden seien.[13]

Ok, sagst du, das Kind einfach nur auf die Welt zu bringen und dann aufgrund des magischen Bandes zwischen Mutter und Kind eine tolle Beziehung zu haben und intuitiv alles zu wissen, funktioniert also nicht. Ich muss die Bindung pflegen und aufpassen, dass sie gut wird. Aber wie mache ich das? Tja, und da geht's nämlich los: Darüber gibt es ellenlange Regalreihen voller Bücher und Zeitschriften und im Internet Millionen von Studien, Blogs, Ratgebern, Podcasts und Doku-Filmen. Und das ist genau das Problem: Es ist wissenschaftlich nicht klar, wie das geht. Es gibt kein Rezept, keine Anleitung, keine nachweisbare Messung, wie du ALLES RICHTIG MACHEN KANNST. Niemand kann dir allumfassend und rundherum sagen, wie du die Beziehung zu deinem Kind aufbauen und pflegen kannst, damit später im Beziehungs- und Berufsleben alles gut läuft. Was es aber gibt, das sind eine Menge, MÄRCHEN UND MYTHEN über die moderne Mutter, die sich den Anschein geben, sie wüssten das. Sie tun, als hätten sie genau dieses allgemeingültige Rezept auf Lager.

Ich kann dir einmal eines dieser Märchen erzählen. Ich habe es von meiner Tante gehört. Sie sagte, das beste Rezept gegen schlechte Laune im Mama-Alltag sei, jede Arbeit fröhlich anzufangen. Ob es das Aufräumen, Saubermachen, Kochen oder Windeln wickeln sei: Wenn ich dabei ein Lächeln im Gesicht und ein fröhliches Lied auf den Lippen hätte, wäre alle schlechte Laune wie weggeblasen. Ähnliches habe ich auch einmal gelesen: In ihrem Buch „Ein Löffelchen voll Zucker" referiert die Schauspielerin Sabine Bohlmann auf einen weiteren Disney-Klassiker, den wunderbaren Film

„Mary Poppins“, in dem ein Kindermädchen durch Zaubertricks Spaß in den Alltag zweier emotional vernachlässigter und dadurch sich außer Rand und Band gebärdender Kinder bringt. Die Idee ist wirklich schön und sicher ab und an hilfreich.[14] Allerdings wird dadurch auch Druck erzeugt: Es bedeutet im Umkehrschluss: Wenn dir Haushalt und Kindererziehung neben deinem Job und dem Schlafmangel und all der Organisation keinen Spaß machen, bist du daran selber schuld! Und außerdem: Du darfst nicht müde oder schlecht gelaunt sein! Sei einfach immer fröhlich, und schon läuft alles prima![15] Und an dieser Stelle haben wir einen wichtigen Faktoren für die Entstehung von Mental Load: Druck von außen durch Bekannte, Erziehungsratgeber, Medien und Politiker, die die Szenerie erschaffen haben, dass Mama-Sein ein permanenter Glückszustand sei – und wenn er das nicht ist, machst du etwas falsch.

Schau dir doch einmal die Werbung an, in der die strahlende und top gestylte Mami mit der Traumfigur glücklich ihr natürlich beim Essen komplett sauberes und gut gelauntes Baby füttert.[16] Also ich weiß nicht, wie es dir ging, aber als ich angefangen habe, mein Baby zu füttern, hatte ich 10 Kilo Übergewicht von der Schwangerschaft, meistens ungekämmte Haare und einen zusammengewurschtelten Dutt und war völlig fertig, weil mein Kind gerade die gesamte halbe Stunde in seiner Wippe durchgeschrien hatte, in der ich Kartoffeln (natürlich Bio) und Spinat (aus dem eigenen Garten) geschnippelt und gekocht und mit dem sündhaft teuren Baby-Nahrungs-Öl verrührt hatte, und als ich ihm sein hochwertiges und gesundes Essen auftischte, würgte der kleine Liebling zwei Mal und schrie dann weiter, bis ich ihm endlich sein Fläschchen gab (Nein, ich habe im 6. Monat nicht mehr gestillt).

Machen wir einen Sprung und gehen wir zur typischen deutschen Kernfamilie: Mama, Papa und zwei Kinder. Zu den Pflichten, die neben der Arbeit erledigt werden müssen, gehören: Putzen, kochen, Wäsche waschen/ auf- und wieder abhängen/ zusammenlegen und in den Schrank packen, einkaufen, Garten- oder Hofarbeiten, Wohnung aufräumen, ergänzt durch alle Aufgaben, die die Kinder betreffen: Morgens und abends das Waschen und Umziehen, das Abholen und Bringen zur Schule/ Kita/ Oma/ Klavierstunde/ Arzt etc., Hausaufgabenbetreuung, Freizeitbetreuung, Kinder ins Bett bringen, Einkleidung nebst Schuhkauf und Wochenendunternehmungen, regelmäßige Krankenpflege, Elternabende und Besorgungen rund um die Kita/Schule, die nicht nur zum Anfang des Schuljahres, sondern oft auch zwischendurch anfallen, sowie Friseurbesuche und Vorsorgeuntersuchungen beim Arzt (Allgemeinmediziner, Zahnarzt, später Frauenarzt). All dies musst du „nur" in deinem Alltag unterbringen. Schaffst du nicht? Dann sei doch einfach ein „Familiencoach", und schon geht das alles locker-flockig vonstatten! Dafür musst du nichts weiter tun, als neben all diesen Arbeiten auch noch Pausen zum Durchatmen einzuplanen, in denen du Tee trinkst und Yoga machst, um die entspannte, liebe Mutti zu sein. Außerdem musst du deinen Mann und deine Kinder überreden, dir bei dem ganzen Kram nicht nur zu helfen, sondern regelmäßig Aufgaben verantwortungsvoll zu übernehmen, Familiensitzungen einzuberufen und zu leiten und ständig zu überwachen, dass auch alles seinen Gang geht und alle „Mitarbeiter" genau das tun, was sie sollen, und bei Streits und Unstimmigkeiten musst du natürlich total neutral und professionell die Kommunikation leiten und zu einem guten Ergebnis führen.[17] Du musst dabei auch noch folgendermaßen vorgehen: Du kannst nicht einfach passende Anziehsachen für deine Kinder kaufen! In Asien werden Kinderkleider von Kindern zusammengenäht, die genauso alt sind wie deine Mäuse! Es werden Farbstoffe und Chemikalien verwendet, die die Natur vergiften und auch gesundheitsschädlich für die Haut deines Kindes sind. Also Bio und fair kaufen, aber bitte nicht online, weil du sonst die Läden vor Ort tötest und die Umwelt durch die vielen Postautos verpestet wird. Aber welche Läden in deiner Stadt führen Bio und fair hergestellte Kindersachen? Da sitzt man schon einmal einen ganzen Abend vor Bing! (bloß nicht vor Google, der ist ein Finanzhai!), bis man das so herausgefunden hat. Oder du willst für deine Kinder gesund kochen? Früher hieß das: zweimal in der Woche einen Eintopf, einmal ein süßes Mittagessen (Griesbrei, Eierkuchen etc.), einmal Fisch, einmal Ei, samstags Nudeln und am Sonntag Braten. Obst, Gemüse, Fisch und Eier gab's auf dem Markt, Fleisch beim Fleischer, Brot beim Bäcker, Nudeln und Konserven im Haushaltswarenladen. Eingekauft wurde Samstagvormittag. Rezepte lerntest du bei Mutti, in der Haushaltsstunde, in der

Schule oder aus dem Kochbuch. Fertig war der Lack. Heute stehen im Regal 20 Kochbücher, mit vegetarischen, veganen, glutenfreien oder alten Rezepten, da gibt's ein Kochbuch über Trennkost, Low Carb, saisonale und regionale Produkte, italienische, kroatische, russische und schwedische Küche, schnelle Küche oder die Ohne-Kochen-Küche. Natürlich kaufst du dein Obst und Gemüse Bio, du willst ja nicht für das europaweite Insektensterben verantwortlich sein. Reicht aber das Bio vom Rewe oder muss es der dreimal so teure Bioladen sein? Nudeln am Samstag? Um Gottes willen! Weizenprodukte gehen gar nicht! Maximal mit Roggennudeln, aber dann muss echt auch ein Salat dabei sein, wegen der Vitamine.

Oder ein anderes Thema: Kindergeburtstag: Bitte was? Du wolltest zum Geburtstag deiner Tochter TOPFSCHLAGEN spielen? Bei Sophies Geburtstagsfeier war ein Clown gebucht, und Finns Mama hat ihm einen Geburtstagskuchen in Form eines Autos gebacken und war mit den Jungs im Kletterpark, wo es auch ein Gokart und einen Streichelzoo gibt! Versteh mich nicht falsch: All diese Überlegungen sind gut und richtig. Aber: Es ist einfach zu viel!

Die Soziologin und Gleichstellungsbeauftragte Christina Mundlos hat sich in diesem Zusammenhang mit einem besonderen und in unserer Gesellschaft sehr schwierigem Thema befasst: mit Müttern, die ihre Mutterschaft bereuen. Sie kommt zu dem Schluss, dass dies mit einem völlig überalterten und absolut nicht umsetzbaren Frauen- und

Mutterbild zu tun hat, das tief in unserer sich so modern gebenden Gesellschaft verankert ist und über sämtliche Kanäle gefördert wird: „In den letzten Jahrzehnten haben wir das Mutterbild auch immer weiter angereichert mit neuen Ansprüchen (…). Es ist ein Mutterbild, dem keine Frau mehr gerecht werden kann. Es ist schlicht unmöglich, die Vielzahl an Aufgaben zu erfüllen, die heutzutage an Mütter herangetragen werden. Dass Mütter unglücklich werden, ist damit vorprogrammiert."[18] Ganz gleich, ob durch die eigenen Eltern und Geschwister, Freunde, Verwandten, die Hebamme oder Kinderärzte, ErzieherInnen, LehrerInnen, HortnerInnen, die Werbung, die Politiker, Ratgebermagazine oder die Frau aus dem Schuhladen: Alle wissen ganz genau, wie du es machen sollst und scheuen sich auch nicht, ihre Meinung kundzutun. Die Politik schafft Anreize durch Eltern- und Kindergeld, durch Elternzeit für Papas und Aufklärungskampagnen über die Wichtigkeit des Stillens. Aber ein Platz in der Kita, der dir automatisch zur Verfügung steht, wenn dein Kind geboren ist? Die Krankenschwester, die selbstverständlich und ohne Antrag zu euch nach Hause kommt, wenn die ganze Familie mit Grippe flach liegt? Die kostenlose Schulspeisung? Die gepflegte Toilette in der Schule? Die gleiche Bezahlung im Job für Frauen und Männer? Hm, LEIDER nicht so einfach umsetzbar! Aber wehe, du entscheidest dich für die Kinderlosigkeit! Eine Frau findet schließlich nur Erfüllung im Leben, wenn sie Mutter ist![19] Unser Fazit: Eine Frau hat nicht nur Mutter zu sein, sondern auch stets und ständig GERN Mutter zu sein und hat dafür dies und das und jenes zu tun, und wenn sie es nicht tut, ist sie eine SCHLECHTE Mutter.

Das, liebe Freundinnen, nennt man psychischen Druck auf eine Person. Und der fühlt sich nicht nur schlimm an, der kann auch krank machen und ist ein weiterer Faktor zur Entstehung von Mental Load.

Moderne Partnerschaft – oder sowas ähnliches

Im nächsten Abschnitt geht es um die Partnerschaft. Damit meine ich aber nicht nur Freunde oder Ehemänner. Es kann auch deine Partnerin sein, oder jemand anderes, mit dem du zusammenlebst und der mit dir gemeinsam für das Kind verantwortlich ist. Oder du bist alleinerziehend und hast jemanden, der zwar nicht bei euch wohnt, aber trotzdem an eurem Leben beteiligt ist. Wenn ich im Folgenden von „Partnern" oder „Männern" spreche, dann nur, um Verwirrung aufgrund von langen Aufzählungen zu verhindern. Bitte nicht übel nehmen, Frauen – etwa als Lebenspartnerin, Freundin, Mutter, Tante sind auch gemeint!

Also, Szene 1:

„Natürlich helfe ich meiner Partnerin im Haushalt. Ich koche gern, räume den Geschirrspüler ein, helfe beim Putzen. Am Wochenende fahre ich mit den Jungs Fahrrad, wenn sie einmal eine Stunde für sich haben will. Ich versuche, sie in allem zu unterstützen, ob im Haushalt oder mit den Kindern."

Vielleicht sagen deine Mutter und deine Großmutter: Ihr modernen Mamas habt es so gut mit euren Partnern! Wir mussten das alles allein machen! Natürlich haben sie damit recht. Wir befinden uns aktuell in Deutschland wirklich auf einem guten Weg der Gleichberechtigung, vor allem, wenn wir vergleichend nach Asien oder Afrika schauen. Trotzdem gibt es ein paar Worte in der oberen Aussage, die verdeutlichen, was immer noch überall in Europa das Problem ist: Diese Worte sind „helfen“, „unterstützen“, „versuchen“.

Du merkst, worauf ich hinaus will, oder? Ein Mann, der solche Sätze von sich gibt, strebt nicht nach einer gleichen Aufgabenverteilung und Verantwortung für beide, sondern feiert sich – um es einmal etwas gemein auszudrücken – als der große Held, der neben seiner Rolle als Versorger der Familie SOGAR NOCH Zeit erübrigt, seiner Frau, die ja für den Haushalt zuständig ist, ZU HELFEN. In seinem Kopf ist also schon die moderne Zeit ein bisschen angekommen, da es für ihn selbstverständlich ist, im Haushalt mitzumachen („natürlich“). Aber eigentlich sieht er nach wie vor die Frau als diejenige, die verpflichtet ist, für den Haushalt und die Kinder zu sorgen. Er hilft ihr bei „ihren“ Aufgaben.

Andere Männer tendieren vielleicht eher zu solchen Aussagen:

Sie: „Ich würde gern am Wochenende mit dir und den Kindern einen Ausflug machen. Hast du eine Idee, wohin wir fahren könnten?“

Er: „Hm, gute Idee. Keine Ahnung. Such uns doch was Schönes aus."

Jesper Juul beschreibt es so: „Viele moderne Männer unterwerfen sich, versuchen ihre eigenen Wünsche und Bedürfnisse zu unterdrücken und sich nach dem zu richten, was ihre Partnerin will. Dadurch entsteht noch kein Konflikt, doch staut sich bei den Frauen im Lauf der Jahre eine enorme Frustration an, weil ihnen sämtliche Verantwortung aufgebürdet wird."[20] Aus diesem Verhalten entstehen sogar zwei Faktoren, die zu Mental Load führen: Zum einen, dass der Mann auf Dauer seine Partnerin verliert, weil er für sie kein Partner auf Augenhöhe ist, und zum anderen, dass er durch die Abgabe der Verantwortung auch den Bezug zu seinem Kind verliert.[21] Das Kind merkt: Mama ist hier diejenige, die sich um alles kümmert, auf die ich mich verlassen kann, die immer da ist. Papa ist nur eine Randfigur. Damit macht der Mann die Frau noch mehr zur Verantwortlichen, denn das Kind wird sich immer am liebsten von demjenigen umsorgen und trösten lassen, der sich am meisten um es kümmert.[22]

Warum nur tappen so viele Paare in diese Falle? Der Paartherapeut Sascha Schmidt begründet es – genau wie Juul – damit, dass die Veränderung eines Paares von zwei auf drei Personen – wir sind kein Paar mehr, sondern eine Familie – mit Schwierigkeiten einhergeht, die im Vorfeld für die meisten nicht absehbar waren und daher auch nie besprochen wurden: „Vor der Gründung einer Familie hatten Sie einen

Spagat zwischen Arbeits- und Partnerleben. Als Paar konnten Sie locker berufliche Ambitionen mit einem attraktiven Paarleben verbinden.“[23] Als Familie dagegen hegten beide Partner oft den Wunsch, die perfekte Mutter oder der perfekte Vater zu sein UND trotzdem weiterhin Karriere zu machen. Der Partner mit seinen Wünschen und Bedürfnissen geriete dabei in den Hintergrund, er werde als Selbstverständlichkeit erachtet, was Gift für die Beziehung sei. Auch Schmidt macht auf die zentrale Ursache für Mental Load in der Partnerschaft aufmerksam: „Elternschaft ist Teamarbeit. Das bedeutet jedoch nicht, einer – häufig die Mutter – sagt an und einer – häufig der Vater – arbeitet zu. Das wird nicht funktionieren bzw. ist eine Ursache, wieso Paare in der Familie in die Krise schlittern.“[24] Eine zweite Ursache dafür, warum Paare durch ein Kind oft in eine solche Krise geraten, sieht Schmidt in der fehlenden Zeit und dem mangelnden Interesse am Leben des Partners: In den ersten beiden Lebensjahren des Kindes bliebe tatsächlich sehr wenig Zeit, die Probleme und Sorgen, die man auf der Arbeit hat (oder bei den Müttern auf der Arbeit und zu Hause), in Ruhe zu besprechen. Als Paar war das selbstverständlich – und unglaublich wichtig: Man habe sich gegenseitig beraten und motiviert, der Partner sei eine Art „Tankstelle“ gewesen, wo man neue Energie schöpfen konnte – und das ist er jetzt nicht mehr. Beide seien kaputt von ihrem Alltag und enttäuscht, dass der andere sich nicht mehr zu interessieren scheint.[25] Was unser Mental Load betrifft, sieht es für dich als Mama wie folgt aus: Wenn dein Kind ein Baby ist, bestand dein Tag – meist nach einer Nacht mit sehr wenig

Schlaf – hauptsächlich aus Windeln wechseln, dem Füttern oder/und Stillen, Spaziergängen und viel, viel Weinen. Pausen zum Sitzen und Ausruhen gab es so gut wie nicht, denn wenn dein Baby geschlafen hat, hast du schnell die schmutzige Wäsche in die Maschine gestopft, das Chaos in der Küche beseitigt oder fix einmal durchgewischt, Termine beim Kinderarzt vereinbart und und und. Und dann kommt dein Mann nach Hause, ist müde und gereizt von der Arbeit und will sich – wie früher –hinsetzen und dir alles in Ruhe erzählen. Aber das geht nicht, weil das Baby schreit. Er hilft dir beim Wickeln, während du den Abendbrei anrührst, dann Füttern, Waschen, noch einmal Wickeln und das Baby in den Schlaf kuscheln. Es ist 21 Uhr, als du neben ihm auf der Couch landest, ungeduscht und mit schmerzendem Rücken. Und dann fängt er an, dir von seinen Erfolgen bei den Kunden, neuer Software und Stress mit dem Chef zu berichten, er redet und redet und fragt dann irgendwann: „Und, was hast du heute so gemacht?" Und du sitzt da, völlig gerädert, und denkst dir nur: Ja, du bist ein Mordskerl, und ich habe hier den ganzen Tag nur Däumchen gedreht. Danke vielmals.

Streit muss sein, macht aber auch traurig – warum es so anstrengend ist zu debattieren

Die Situation aus dem vorangegangenen Kapitel ist so ein Punkt, der typischerweise zu einem Streit führt: Du wirst wütend, weil du das Gefühl hast, dass er überhaupt nicht anerkennt, was du den ganzen Tag zu Hause leistest, und weil es dich – ehrlich gesagt – auch ärgert, dass DU diejenige bist, die zu Hause ist, während er Karriere macht. Geht es noch altmodischer? Hattest du nicht gedacht, dass solche Zeiten vorbei sind und sich heutzutage beide Partner frei entfalten dürfen? Habt ihr nicht genau darüber früher immer wieder gesprochen? Wofür hast du dich all die Jahre in der Schule, Ausbildung und im Arbeitsleben so angestrengt, wenn dein Leben jetzt aus Gemüsebreikochen und Babypopo-Abwischen bestehen soll? Natürlich liebst du dein Kind und möchtest es umsorgen, aber wäre da nicht wenigstens ein bisschen Anerkennung angebracht? Und musst du jetzt für immer alles allein machen? Wenn ihr nun anfangt, euch zu streiten, euch gegenseitig vorzuführen, was euren Alltag so anstrengend macht und wie enttäuscht ihr seid, dass der Partner eure Arbeit nicht wertschätzt (denn genauso geht es deinem Mann auch, wenn du abends zu müde bist, um ihm zuzuhören), dann ist das erst einmal gut. Ja, du hast richtig gelesen: Streit ist wichtig! Viel schlimmer wäre es, wenn du deinen Ärger herunterschlucken würdest, und mehr Harmonie zwischen dir und deinem Partner erreichst du damit auch nicht. Ein Streit bedeutet zunächst einmal nur, dass zwei Menschen eine unterschiedliche Meinung zu einer Sache haben oder Wünsche und Bedürfnisse, die sie sich vom Partner erfüllt wünschen, es ist „eine wesentliche Form des Kontakts bzw. der Kommunikation zwischen Menschen“.[26] Warum aber führen häufige Streits dennoch zu Mental Load? Das liegt daran, dass solch ein Konflikt auch gelöst werden sollte – und zwar so, dass für beide Seiten ein Kompromiss gefunden wurde und der Streit damit wieder zu den Akten gelegt werden kann. Passiert das nicht, lodert der Streit unter der Oberfläche weiter und bricht bald wieder aus – vielleicht schon am nächsten Abend. Und darüber hinaus grummelt es in dir (und deinem Partner) tagsüber weiter: Du sammelst Argumente, lässt deiner Wut freien Lauf (innerlich), ärgerst dich über sein Verhalten oder versuchst es nachzuvollziehen, ohne zu einem (sinnvollen) Ergebnis zu kommen. Und das führt zu mentaler Überlastung und kann sogar körperliche Wirkungen haben: „Andauerndes Gezänk stresst alle Beteiligten und wirkt sich negativ auf Körper und Seele aus."[27] Streit ist also wichtig, muss aber – damit es kein Dauerfrust wird – nach der ersten Wut in ein konstruktives Zwiegespräch münden, das erst beendet wird, wenn alle Beteiligten zufrieden sind.[28] Und selbst dann werdet ihr höchstwahrscheinlich nicht singend und hopsend ins Bett gehen, sondern niedergeschlagen ins Bad schlürfen und die Zähne putzen. Auch das ist normal! Nach einem Streit brauchen beide Zeit zum Nachdenken und auch, sich von dem Frust, der sich möglicherweise schon länger aufgestaut hat, zu lösen. Die Wogen müssen sich erst einmal wieder legen. Wie du in einem Streit vorgehen kannst, ohne deinen Partner zu verletzen, aber ohne auch selbst zurückstecken zu müssen, darüber sprechen wir in den Folgekapiteln.

Warum sagt mir keiner, wie es geht? Kindererziehung und Ernährung als Generationenkonflikt

Vielleicht hast du auch schon einmal versucht, mit deiner Mutter über Erziehungsfragen zu reden. Ich habe es einige Male getan, und dann nie wieder. Die Tipps meiner Mutter waren: Ausschimpfen, Bestrafen durch zum Beispiel Fernsehentzug oder Einsperren ins Kinderzimmer und körperliche Gewalt (der legendäre „Klaps auf den Po", der angeblich „Wunder wirkt"). Das habe ich mir ein paar Mal angehört, dann habe ich sie nicht mehr gefragt. Keine dieser Auffassungen teile ich auch nur ansatzweise, sie stehen in direktem Widerspruch zu allem, was ich über Erziehung und kindliche Entwicklung gelesen habe. Ich brauchte eine ganze Weile, um zu verstehen, dass meine Mutter nicht unbedingt eine böse Frau ist, wenn sie so etwas sagt. Sie ist ein Kind ihrer Zeit. Unsere Mütter, Großmütter, Urgroßmütter, sie alle sind mit Ansichten über die Erziehung von Kindern groß geworden, die – anders als heute – nicht nur ihren Schwerpunkt auf Disziplin und Gewalt hatten, sondern auch vom Gros der Gesellschaft anerkannt waren: Ob Lehrer, die eigene Familie, Erzieher oder pädagogische Wissenschaftler, die meisten waren sich im Grunde einig: Kinder kommen „wild" zur Welt und müssen lernen, wie man sich „zivilisiert", also menschlich, verhält.[29] Es wurde angenommen, ein Kind sei „fehlerhaft" und müsste durch Erziehung „gesund gemacht", „normalisiert" werden. Um dies zu erreichen, solle das Kind „kontrolliert und gesteuert" werden, es sollte zu den „Tugenden Fleiß, Enthaltsamkeit und Ordentlichkeit" erzogen werden, und zwar mithilfe von körperlicher Gewalt.[30] Und auf gar keinen Fall durften die Eltern das Kind „verweichlichen" durch Streicheln, Küssen oder Trösten. Besonders dieser letzte Punkt ist – wie ich immer dachte – kein Relikt aus den Zeiten der NS-Herrschaft oder des DDR-Regimes, als Jungen zu harten Soldaten und Mädchen zu leistungsfähigen Hausfrauen und Arbeiterinnen erzogen werden sollten. Nein, das war die Meinung von John B. Watson. Dieser Watson war ein Psychologe aus den USA, dessen Buch „Psychological Care of Infant and Child" aus dem Jahr 1928 in Amerika und Europa sehr populär und bis in die 70er Jahre in vielen Haushalten zu finden war.[31] Mit all diesen Ansichten sind alle Generationen vor uns, vom 18. Jahrhundert bis in die 1980er Jahre hinein, groß geworden! Das war keine Theorie, das wurde gelebt, von den Eltern, Lehrern, Wissenschaftlern, von vielen erwachsenen Menschen auf der Straße, denen ein Kind begegnete. Wusstest du, wann das Gesetz zum Verbot elterlicher Gewalt in Kraft trat? Im Jahr 2000. Seit diesem Jahr erst ist es Eltern gesetzlich verboten, Kinder zu schlagen.[32] Ist das nicht unfassbar? Ich denke, wir Mamas heute sind uns zwar nicht in allem einig, aber in diesem Punkt schon: Unsere Kinder werden NICHT SO erzogen. Und das ist ein Problem: Wir suchen nach einer gewaltfreien Art der Erziehung, in der das Kind wertschätzend als Mensch wahrgenommen wird, und zwar von Anfang an: als zu respektierende Person, die genauso das Recht auf Zuhören, Wütend-Sein oder Liebe und Zuwendung hat wie jeder Erwachsene auch – von allem sogar noch ein wenig mehr.

Aber wir stehen ganz am Anfang dieser Entwicklung: Wir sind die erste Generation, die es so macht. Wir können zwar auf Theorien und Vorbilder wie Maria Montessori oder Friedrich Fröbel zurückgreifen, aber es fehlt etwas ganz Wichtiges: Wir können weder unsere Eltern um Rat bitten noch auf ein verbindliches Fachbuch zurückgreifen. Wir müssen uns selbst belesen und Entscheidungen treffen, immer und immer wieder. Und eine Bestätigung, ob die jeweilige Entscheidung richtig ist, gibt uns kaum jemand – im Gegenteil, oft werden wir kritisiert und müssen uns fragen lassen: „Warum machst du es nicht lieber so und so?" Und das nicht nur von der älteren Generation, sondern auch von Gleichaltrigen, die vielleicht einen anderen Ansatz als wir bevorzugen. Ähnlich ist es mit der Ernährung: Wir lernen nicht mehr die eine Art der Ernährung. Es gibt Hunderte von Studien über gesunde Ernährung, die sich zum Teil widersprechen. In einigen Untersuchungen scheint es Überschneidungen zu geben, etwa, dass der Körper viel Vitamin C braucht und nicht so viel Fett. Aber was ist viel? Und was ist nicht so viel? Und welche Art Fett? Pflanzliches? Tierisches? Hut ab, wer durch diesen Dschungel blickt!

Heilung in Sicht? Ich brauche praktische Lösungen!

„Die Theorie träumt, die Praxis belehrt."

— Karl von Holtei

Vielleicht denkst du nach diesem Kapitel: Jetzt fühle ich mich nicht besser, jetzt fühle ich mich noch hoffnungsloser. Bitte einmal tief durchatmen! Ich wollte dir lediglich einen Überblick geben, warum in deinem Kopf dieses Chaos herrscht und wieso du müde, gestresst und unzufrieden mit deinem Leben bist. Jetzt suchen wir gemeinsam nach Auswegen aus diesem Mental Load – denn die gibt es! Mit der Beleuchtung der Ursachen von Mental Load wollte ich darüber sprechen, dass es in der Gegenwart normal ist als Mama, überfordert zu sein. Wie bereits gesagt wurde: Kein Mensch kann das alles erfüllen, was an Forderungen an uns herangetragen wird! Aber man kann versuchen, vielen Dingen gerecht zu werden, sie zu berücksichtigen. Und dafür kann man andere Dinge beiseitelassen, die vielleicht nicht so wichtig sind oder einfach noch Zeit haben. Du musst nicht in diesen Jahren, in denen deine Kinder die intensivste Pflege brauchen, die komplette Welt retten. Und du musst auch nicht die perfekte Mami sein – denn die gibt es nicht. Um einmal aus einem meiner Lieblingsfilme zu zitieren: „Eine solche Frau ist mir nie begegnet. Und ich stelle mir so eine Begegnung grauenhaft vor."[33] Lass uns gemeinsam sehen, was dir wirklich wichtig ist – und was nicht. Lass uns überlegen, welche Dinge dir als Mama am Herzen liegen, und worauf du pfeifen kannst. Lass uns nach Möglichkeiten schauen, die deinen Alltag entschlacken, die Ordnung in das Chaos bringen und dir wieder mehr Zeit geben, du selbst zu sein. Denn das ist das Wichtigste: Du bist bestimmt eine wunderbare Mama, eine kluge Karrierefrau, eine super Köchin, eine sexy Freundin und eine liebenswerte Kollegin. Aber vor allem bist du: DU, einmalig und großartig.

„Es ist nicht der Berg, den wir bezwingen. Wir bezwingen uns selbst."

— Edmund Hillary

KAPITEL 3

7 Wege zu mehr Leichtigkeit und positiver Energie im Mama-Alltag

In diesem Kapitel habe ich sieben Schritte für dich zusammengestellt, mit deren Hilfe du das Mental Load und vieles, was damit zusammenhängt, aus deinem Kopf und Alltag verbannen kannst:

Wir beginnen mit dem Mindset, der Macht deiner (erlernten) Denk- und Verhaltensweisen, misten dann mithilfe des Minimalismus ordentlich aus, überlegen, wie du Stress abbauen kannst, trainieren die innere Zufriedenheit, suchen Wege aus dem Perfektionismus, gestatten dir einen Wutanfall und erstellen als 7. Schritt einen Zeitplan, in welchem du auch vorkommst.

Das Kapitel ist so angelegt, dass du an jeder Stelle einsteigen kannst. Vielleicht machst du schon Yoga gegen Stress und interessierst dich mehr für den Zeitplan, oder du hast schon einmal ein Mindset über dich erstellt und möchtest mehr über Minimalismus wissen. Du kannst Absätze überspringen, durcheinanderlesen, dir zuerst die Tipps anschauen – wie du es brauchst und möchtest.

Und auch, wenn du alles hintereinander liest, musst du nicht jeden Punkt sofort in deinen Alltag übernehmen – wir wollen ja weg vom Stress! Schau dich einfach um, probiere, was für dich geht, und was vielleicht im Augenblick zu stressig wäre, lässt du einfach erst einmal weg oder machst es später – oder gar nicht, wenn es nicht zu dir passt. Das Meistern von Mental Load kann nur in Schritten erfolgen, die jeder für sich festlegt. Eventuell sagst du nach drei Tagen: Mir geht es aber immer noch nicht besser! Nimm dir Zeit! Setz dich nicht unter Druck! Ich bin sicher, du wirst das alles super machen, und vielleicht schon nach einer oder zwei Wochen sagen: „Ja, es wird!" Denn genau das wünsche ich dir.

Und nun legen wir los.

1. Weg: Kraftvolles Mama Mindset – die Macht der Gedanken

„Vergiss nicht: Glück hängt nicht davon ab, wer du bist oder was du hast, es hängt nur davon ab, was du denkst."

– Dale Carnegie, amerikanischer Motivationstrainer

Du hast dich mit deinem Kind gestritten. Es hat dich aber auch bis zur Weißglut geärgert! Warum kann es nicht EINMAL sofort aufräumen, wenn du es sagst? Musst du es immer dreimal sagen und dann herumbrüllen, bis es endlich hört? Du wolltest es so gern anders machen als deine Mutter, aber du bist genau wie sie. Zum Heulen. Sicherlich kennst du solche Szenen. Du bist an deine Grenze gekommen, bist laut geworden, dein Kind war wütend, hat geweint und auch geschrien. Jetzt sitzt du da und denkst: So wollte ich nie werden. Aber so bin ich. Meine Mutter hat ja schon immer gesagt, dass ich zu ungeduldig bin. Und jetzt sieht man es einmal wieder. Warum kann ich nicht geduldiger sein mit meinem Kind? Solche Situationen erzeugen Stress und inneren Druck. Wir Mamas wollen ja gar nicht schimpfen, wir wollen keinen Streit über das Aufräumen, Schultasche packen oder Tisch decken mit unseren Kindern haben. Aber warum reagieren sie nicht oder ablehnend, wenn du es freundlich sagst? Ihnen Hilfe anbietest? Ein fröhliches Spiel daraus machen willst? Diese Gedanken führen uns zu einem wichtigen Schritt zur Bekämpfung von Mental Load: Der Aufdeckung und Bearbeitung deines persönlichen Mindsets.

Was ist ein Mindset?

„Jeder Mensch hat in seinem Leben Begrenzungen, aber er kann wie ein Garten sein: Offen nach oben."

– Gisela Maczey

Das Wort „Mindset" sagt dir vielleicht nicht so viel, eher noch seine Übersetzung: „Mentalität". Die Mentalität eines Menschen entsteht aus zwei wichtigen Komponenten: dem Selbstbild, also dem, was du über dich selbst denkst, und dem Fremdbild, also dem, was andere (deiner Meinung nach) über dich denken. Diese Gedanken über die eigene Person beginnen in der frühesten Kindheit. Das allein ist nicht schlimm, sondern sogar wichtig: Indem wir uns selbst reflektieren, machen wir uns unser Verhalten bewusst und können es beeinflussen, indem wir uns zum Beispiel Vorbilder suchen. Was am Mindset, der Mentalität, schwierig ist, das sind Erfahrungen oder Gedanken, die sich zu festen Glaubenssätzen in unseren Köpfen festsetzen und uns behindern, Herausforderungen in unserem Leben zu meistern:

„Mittlerweile bestätigen auch moderne westliche Forscher und Psychologen, dass das Mindset großen Einfluss auf das Verhalten und die Erfolge von Menschen hat."[34] Ein Beispiel: Ein Kind kommt nach Hause und zeigt seiner Mama ein Bild von einem Menschen, dass es in der Schule im Zeichenunterricht gemalt hat. Es sagt: „Die Lehrerin findet, dass der Kopf zu groß ist." Darauf die Mutter: „Mach dir nichts draus, mein Schatz. Ich konnte auch nie gut malen. Du kommst nach deiner Mama." Das Kind, das bis zu diesem Zeitpunkt eigentlich nur unzufrieden mit einem Aspekt der Situation (der Kopf ist nicht gelungen) war, wird in seiner gesamten Arbeit und in seinen Fähigkeiten („nie") herabgewürdigt. Und es bekommt auch gleich die Begründung geliefert: Das hast du geerbt („von Mama"), was übersetzt bedeutet: Das kannst du nicht ändern. Schon in der nächsten Zeichenstunde wird sich das Kind aller Wahrscheinlichkeit nach weniger Mühe geben – Mama hat ja gesagt, dass es doch sowieso nicht zeichnen kann! So wird auch die nächste Zeichnung „mangelhaft", und die Erfahrung bestätigt sich für das Kind: Ich kann wirklich nicht zeichnen.

Ich möchte jetzt nicht auf den guten alten Mutti-ist-an-allem-Schuld-Gedanken hinaus. Aber vieles von dem, was wir denken und tun, hängt mit den Menschen und Erlebnissen aus unserer Kindheit zusammen.

Das obere Beispiel kann sogar später in der sogenannten „Self-fulfilling Prophecy", der „Sich selbst erfüllenden Prophezeiung", enden, ein psychologisches Phänomen, das so aussieht: Eine Person denkt, sie könne eine bestimmte Sache nicht schaffen, und schafft sie dann wirklich nicht – aber nur, weil sie von Anfang an davon ausgegangen ist, nicht erfolgreich zu sein.[35] Doch nun kommt die gute Nachricht: Dieses negative Mindset lässt sich mit ein paar Tricks aus der Psychologie-Kiste ändern. Und so gehst du dabei vor:

Mindset-Coaching: So änderst du festgefahrene Gedanken und Verhaltensweisen

Schritt 1: Woher kommt mein Mindset?

Die amerikanische Psychologin und Professorin Carol Dweck unterscheidet zwei Arten von Mindset: „Fixed Mindset" und „Growth Mindset".[36] Beim „Fixed Mindset" geht es um die Überzeugung, dass einige Fähigkeiten angeboren oder durch Umstände im Leben entstanden und nicht mehr zu ändern seien. Beim „Growth Mindset" geht eine Person davon aus, dass die Dinge erlernbar seien und der Erfolg an der eigenen Zielstrebigkeit hänge. Beide Arten könnten sich nach Dweck zum Guten oder zum Schlechten auswirken: Fixed Mindset beflügelt das Selbstbewusstsein zum Beispiel durch den Gedanken, in einer bestimmten Sache talentiert zu sein. Es kann aber auch zu starrer Tatenlosigkeit á la „Das-kann-niemand-in-meiner-Familie" führen. Growth Mindset kann bewirken, in Veränderungen eine Chance oder ein Abenteuer zu sehen. Es enthält aber auch die Gefahr zu schnell nach anderen Möglichkeiten zu suchen, wenn etwas nicht so funktioniert, wie man es gern hätte.[37] Wenn du nun herausfinden möchtest, welche Art Mindset dich in deinem Mama-Dasein daran hindert, glücklich und zufrieden zu sein, kannst du dir im ersten Schritt bewusst machen, woher das negative Mindset in deinem Leben kommt. Stelle dir dafür solche Fragen:

Welche Menschen oder Erlebnisse haben mich in Hinblick auf Kindererziehung und Mama-Sein geprägt?

Welches Bild wird in meiner Familie oder von meinen Freunden über mich immer wieder erzeugt, durch bestimmte Sätze („Unsere Karin ist eben hilfsbereit") oder Anekdoten, die immer wieder erzählt werden („Marie, unser kleiner Tollpatsch")?

Welche Dinge würde ich als Mama niemals tun?

Schritt 2: Sei kritisch!

„Eine Angewohnheit kann man nicht aus dem Fenster werfen. Man muss sie die Treppe hinunterprügeln, Stufe für Stufe."

– Mark Twain

Nachdem du dir dein negatives Mindset bewusst gemacht hast, folgt nun der zweite Schritt: Du fragst dich, inwieweit diese Sätze, Erinnerungen, Meinungen und Lebensmaximen mit deiner Lebensrealität übereinstimmen. Solche Fragen helfen dir dabei:

Stimmen die Geschichten meiner Freunde/ Familienmitglieder über mich?

Und ist es das, was mich ausmacht?

Stimmen die Geschichten über die anderen, die meine Vorbilder sind?

Könnte man die Geschichten auch aus einem anderen Blickwinkel sehen?

Habe ich meine Überzeugungen von anderen übernommen oder teile ich sie wirklich, weil ich mich mit dem Thema eingehend beschäftigt habe?

Will ich so sein?

Nachdem du dir diese Fragen beantwortet hast, hast du gewiss schon viele Erkenntnisse gewonnen. Du hast vielleicht gesehen, dass vieles von dem, was du zu deiner ureigenen Persönlichkeit gezählt hast, eigentlich nur eine Mär ist, die andere über dich erzählen. Oder du hast bemerkt, dass deine Vorbilder zwar gern kluge Sätze von sich geben, aber selbst auch nur mit Wasser kochen. Oder dir ist aufgefallen, dass Dinge, die sich als negative Erlebnisse in deinem Kopf eingebrannt haben, ihren Schrecken verlieren, wenn man sie einfach einmal aufschreibt und versucht, die Situation aus einer anderen Perspektive zu sehen. Genau das sind die Ideen, die uns zum dritten und letzten Schritt in Bezug auf dein Mindset führen: der bewussten Änderung.

Schritt 3: Schau von oben oder geh hinein!

Um das Mindset, das dich in deinem Alltag belastet, effektiv zu ändern, empfiehlt die Kolumnistin Lara Buck unter anderem diese Vorgehensweisen:

1. negative Erfahrungen neu zu bewerten,
2. eine objektive Sicht einzunehmen und
3. Achtsamkeit im Alltag zu trainieren.[38]

Negative Erfahrungen neu bewerten

Nehmen wir noch einmal das obere Beispiel: ein Streit mit deinem Kind. Natürlich möchte niemand, dass so etwas passiert, aber Streit gehört leider zum Leben dazu. Du kannst nicht von deinem Kind erwarten, dass es fröhlich los hopst, wenn du „Aufräumen!“ rufst. Natürlich weiß dein Kind, dass Aufräumen wichtig ist, aber es sieht einfach nicht ein, warum es einer Tätigkeit nachgehen sollte, die so wenig Lustgewinn bringt. Aufräumarbeiten stehen zudem meistens abends an, da ist dein Kind müde und hat eigentlich auf gar nichts mehr Lust. Natürlich ist es gut, mit ihm freundlich zu sprechen, deutlich zu machen, dass das Aufräumen trotzdem sein müsse. Aber es ist auch verständlich, wenn du nach 10 Minuten Erklären und fünf Bitten wütend wirst, weil du auch müde bist und nicht immer alles allein machen möchtest und es auch wichtig ist, dass dein Kind lernt, sich um seine Sachen zu kümmern. Es ist also von außen betrachtet verständlich, dass ihr beide wütend und genervt seid und diese Gefühle nun hervorkommen. Was aber nicht notwendig ist, dass du dir hinterher selbst die Schuld gibst und – im Sinne eines Fixed Mindsets – deine Wut auf Persönlichkeitseigenschaften wie Ungeduld oder Ähnliches zurückführst. Versuche, aus dem Streit etwas für euch beide Lehrreiches, Bedeutsames zu machen, zum Beispiel: Durch einen Streit sieht dein Kind, dass es wichtig ist, auch negative Gefühle zuzulassen. Durch einen Streit trainiert dein Kind, sich mit den Bedürfnissen anderer Menschen auseinanderzusetzen. Durch einen Streit erfährt dein Kind, wie schön es ist, sich wieder zu versöhnen – denn das ist das einzige, was du nicht vergessen darfst: Wenn ihr euch beide wieder beruhigt habt, solltet ihr über den Streit sprechen und einander verzeihen. Und: Durch einen Streit schützt du dich selbst davor, alle Arbeit allein machen zu müssen und damit deinen Mental-Load-Berg noch zu vergrößern: „Menschen würden ohne die Fähigkeit, Wut aufeinander zu empfinden, der Ausbeutung schneller zum Opfer fallen.“[39]

Abstand von sich selbst nehmen – das Innere Kind beruhigen

Negative Erinnerungen sind oft mit Gefühlen wie Angst oder Wut verbunden. Diese Gefühle versetzen uns in eine Art Rausch, in dem wir instinktiv handeln – nicht besonnen. Kommst du später in eine ähnliche Situation, können dich diese Gefühle wieder „überfallen“ und dich daran hindern, die Situation als das zu sehen, was sie ist: nämlich etwas anderes. Das Modell des sogenannten „Inneren Kindes“ arbeitet mit dieser Erkenntnis: „Die emotionalen Zustände unserer Kindheit und Jugend sind wie schlafende Quälgeister, die bestimmte Reize oder Situationen wachrütteln und deren Treiben wir dann ausgeliefert sind.“[40] Besonders durch eigene Kinder kommen diese Dinge bei vielen Mamas wieder an die Oberfläche, weil sie sich selbst sehen, wenn sie ihr Kind anschauen. Um aber einem Streit mit deinem Kind gut begegnen zu können, solltest du es nicht mit dir selbst verwechseln: Dein Kind ist nicht du und hat vielleicht in diesem Moment ganz andere Bedürfnisse! Ein Beispiel: Du hast dir ein neues Kleid gekauft und deine Tochter sagt: „Mama, du siehst aber komisch aus.“ Du spürst einen tiefen Stich, wirst wütend und fühlst dich beleidigt. Warum sagt deine kleine Tochter das zu dir? Du würdest so etwas niemals zu ihr sagen, auch wenn sie sich noch so unpassende, hässliche Glitzerklamotten überstülpt! Woher hat sie das nur? Am liebsten würdest du das Kleid sofort wieder ausziehen. Die Freude ist dahin, und jedes Mal, wenn du das Kleid nun anziehst, musst du daran denken, was deine Tochter gesagt hat. Jetzt stell dir die Frage: Warum trifft dich das so? Du bist doch erwachsen, dein Selbstbewusstsein sollte nicht von einer Vierjährigen abhängen. Wenn du in dich hineinspürst, öffnet sich vielleicht vor deinem inneren Auge eine Szene aus deiner Kindheit, in der du etwas Neues, Schönes hattest, froh und stolz damit losgegangen bist und in der Schule ein anderes Kind oder vielleicht auch die Lehrerin einen abwertenden

Spruch gemacht haben: „Was hast du denn da an!" „Du siehst ja aus wie Pippi Langstrumpf heute!" Die Situation mit deiner Tochter hat die Beschämung und Enttäuschung von damals in dir wachgerufen, und du reagierst in einem Moment, über dem du sonst souverän drüberstehen würdest, wie ein kleines Kind. Kann man dagegen etwas tun? Oh ja! Um dem inneren Kind zu begegnen, wird diese Technik empfohlen: Nimm dir einen Moment Zeit. Mache dir bewusst, dass dein inneres Kind da ist, indem du ihm einen Namen gibst. Lass dann die negativen Gefühle zu, begegne ihnen erneut und frage dich, welche Bedürfnisse du gerade jetzt hast und an welche Situation aus deiner Kindheit dich das erinnert. Versuche nun, dir diese Bedürfnisse nachträglich zu erfüllen und dein inneres Kind zu trösten oder ihm beizustehen – so, wie du es dir in der damaligen Situation gewünscht hättest.[41] Dies nur in aller Kürze. Um dem inneren Kind weiter auf die Spur zu kommen, findest du am Ende des Kapitels die Rubrik „Bücher zum Weiterlesen". Schau dich um! Es lohnt sich, dem inneren Kind nachzuspüren!

Achtsamkeit

Der Begriff Achtsamkeit stammt aus dem Bereich der (religiösen) Meditation. Er führt uns von Auseinandersetzungen und Gedankenströmen fort, hin zu den Möglichkeiten, auch im Alltag abzuschalten, indem man die Gedanken auf das lenkt, was man gerade tut. Auch dies ist wichtig für den Mental Load: Die ununterbrochen ratternden Gedanken müssen – nun ja – unterbrochen werden. Das schaffst du, indem du trainierst, bei all deinen täglichen Aufgaben „bei dir“ zu sein und – statt Langeweile am Einerlei – Genuss zu empfinden. Das klingt dir zu abgedroschen? Nein, es hilft wirklich! Wichtig dabei ist, jede Aufgabe mit einem Satz zu verbinden, den du wie eine Art Mantra immer wieder zu dir selbst sagst. Und: Versuche, jede Aufgabe nicht nur „zu erledigen“, sondern mit deinen Sinnen zu spüren!

Hier einige Beispiele: Zu deinen morgendlichen Aufgaben zählen, dein Kind zu wecken, lüften, das Frühstück zu bereiten und dein Kind in die Schule/Kita zu bringen. Wecken: Geh zum Bett deines Kindes und denke dabei diesen Satz: „Wir beginnen nun einen neuen, gemeinsamen, schönen Tag.“ Streiche deinem Kind über das Haar und die Wangen, während du es aufweckst. Spüre seine weichen Kinderhaare und die warme Haut. Betrachte sein hübsches Gesicht. Ist es nicht wunderbar? Lüften: Geh zum Fenster und denke dabei diesen Satz: „Dieser Tag ist ganz neu. Heute werde ich Zeit für mich finden.“ Öffne das Fenster und atme dreimal tief die klare, kühle Morgenluft ein. Spüre einen Moment die Sonne in deinem Gesicht, den sanften Morgenwind oder halte deine Hand aus dem Fenster und fühle das Tröpfeln des Regens auf der Haut. Frühstück bereiten: Während du den Tisch deckst und Kaffee kochst, denke diesen Satz: „Ich bin dankbar für unser gutes Essen und meinen Kaffee am Morgen.“ Genieße es dabei, durch eure gemütliche, warme Küche zu laufen, die Kaffeemaschine blubbern zu hören und am Küchenfenster den Morgen heraufziehen zu sehen. Der Weg zur Schule/Kita: Sag zu deinem Kind und zu dir selbst „Es fühlt sich gut an, mit dir gemeinsam hier entlangzulaufen." Spüre die warme Hand deines Kindes in deiner, atmet gemeinsam den Duft des Morgens ein oder erfreut euch an den Dingen, die ihr seht: Blumen in den Vorgärten, große Bäume am Wegesrand, ein Vogelschwarm, der über euch hinwegzieht oder eine hübsch gestaltete Hausfassade. Vielleicht liest du das und denkst: Was soll das? Oder du probierst es aus und kommst dir ein bisschen komisch dabei vor. Das ist normal. Achtsamkeit zu üben ist ein langer Prozess. Aber lass dich darauf ein! Wenn dir meine Sätze nicht zusagen, überlege dir, was dir gefallen würde! Oder du probierst es erst einmal mit den Übungen: Morgenluft einatmen, Dinge am Wegrand entdecken usw. Jeder Anfang ist gut, denn Achtsamkeit führt zu Zufriedenheit, innerer Ruhe und Glück: „Wir sind umso glücklicher, je weniger wir in Vorstellungen weilen, also erwarten – nicht nur, weil Erwartungen enttäuscht werden können, sondern auch, weil wir den gegenwärtigen Moment verpassen (…)."[42]

„Deine Füße sind dir gegeben, deine Schritte bestimmst du selbst."

– Walter Reisberger

2. Weg: Wundermittel Minimalismus – schweren Ballast loswerden

„Eines Tages fällt dir auf, dass du 99 Prozent davon nicht brauchst. Du nimmst allen Ballast und schmeißt ihn weg, denn es reist sich besser mit leichtem Gepäck."

– Silbermond, Song „Leichtes Gepäck" von der gleichnamigen CD „Leichtes Gepäck" von 2015

Das Thema Minimalismus hat in den letzten Jahren Schule gemacht: Unzählige Blogger berichten über ihr neues Leben mit einem absoluten Minimum an Dingen und ihrer inneren Befreiung von einem Leben, in dem es sich nur noch darum drehte, möglichst viele Güter anzuhäufen. Was hat das denn bitte mit meinem Mama-Alltag zu tun?, fragst du dich vielleicht.

Es geht um Szenen wie diese: Freitag Mittag, du kommst nach Hause und freust dich auf das Wochenende. Du drehst den Wohnungsschlüssel um, betrittst deine Wohnung – und da sieht es aus, als hätte eine Bombe eingeschlagen. Klamotten, Spielzeug, alles liegt herum, jede nur denkbar freie Fläche ist mit Krempel bedeckt: Briefe, Haarspangen, ein angebissenes Brötchen (wo zur Hölle kommt das nur her?), ein kaputtes Buch, einige Cents, Visitenkarten… Nix mit schönem Wochenende. Bis zum Abendbrot bist du damit beschäftigt, wenigstens etwas Ordnung in dieses Chaos zu bringen, während die Kinder sich alle fünf Minuten um ein anderes Spielzeug zoffen und dein holder Gatte schreit: „Ich habe die ganze Woche lang gearbeitet! Kann hier nicht einmal Ruhe sein?" Eine Ursache für diese Szene ist: Besitz. Wenn drei oder vier oder mehr Personen in einem Haushalt leben, häufen sich unheimlich viele Dinge an, die ständig aufgeräumt oder in Ordnung gehalten werden müssen. Die Frage dabei ist: Brauchen wir das alles wirklich? Die Rechnung ist nämlich simpel: je weniger Krempel, desto weniger Aufräumen. Aber keine Sorge, du musst jetzt nicht alles in die Tonne schmeißen und in einer kahlen Wohnung mit Tisch und Bett leben. Minimalismus bedeutet nicht, dass es Vorschriften über die Anzahl an Dingen gibt, die du besitzen darfst: „Es geht nicht darum, Dinge zu zählen, sondern darum, Platz für die Dinge im Leben zu schaffen, die uns wirklich glücklich machen", schreibt Lina Lachmann in ihrem „Guide für einen minimalistischen Lebensstil". „Was für den einen noch viel zu viel ist, ist für den Nächsten genau richtig."[43] Für uns Mamas lohnt es sich, unsere Wohnung, Kleidung, den Kosmetikschrank und auch das Kinderzimmer zu überprüfen: Benutzen wir das alles noch? Kann etwas weg? Die Vorteile des Minimalismus für Mamas beschreibt Nicole Weiß auf ihrem Blog „Familie Ordentlich": Je weniger Dinge sich in eurer Wohnung stapeln, desto weniger musst du (und auch dein Partner und deine Kinder) aufräumen und sauber machen. So hast du mehr Zeit für andere Dinge, zum Beispiel zum Entspannen oder zum Spielen mit den Kindern. Du kannst jederzeit Gäste empfangen, da die Wohnung zwar nicht immer perfekt aufgeräumt, aber auch niemals

„zugemüllt“ ist. Du fühlst dich wohler in eurem Zuhause, da du stets den Überblick hast und der ganze unaufgeräumte Kram dich nicht mehr „anguckt“.[44]

Daher hier einige Tipps für weniger Chaos und mehr Freizeit:

Das Wohnzimmer

„Es ist wichtig, sich Gedanken zu machen und zu überlegen, für welche Situationen und Anlässe die Wohnung aktuell eingerichtet ist und ob die Möbel und Gegenstände zu der eigentlich gewünschten Nutzung passen. Wenn nicht, sollte man, ohne sich zu zieren, sagen: Auf Wiedersehen.“[45] Auch hierfür ein kleines Beispiel: Bevor du und dein Partner Eltern geworden seid, habt ihr gern Filme geschaut. Mancher Film durfte es gern ein zweites, drittes oder gar viertes Mal sein, und so habt ihr euch viele Filme gekauft. Zwei große Regale voller DVDs haben sich ergeben. Nun habt ihr Kinder. Die DVDs verstauben, denn abends ist selten Zeit für einen ganzen Film, und außerdem gibt es jetzt Netflix und Amazon Prime Video. Eure DVD-Regale sind eine schöne Erinnerung an eure Zeit zu zweit – auf zwei Quadratmetern Wohnraum. Setzt euch doch einmal davor, schaut in Ruhe alle Hüllen an und überlegt: Würden nicht zwei oder drei Lieblingsfilme auch als Erinnerung reichen? Vieles von dem, was sich im Laufe eines Lebens ansammelt, ist uns lieb und teuer, weil wir schöne Erinnerungen damit verbinden.

Aber, ganz ehrlich: Man kann nicht alles aufheben! Natürlich soll man nicht nur Dinge haben, die einen Nutzen haben, sondern auch ein bisschen Deko oder alte Lieblingsstücke. Aber gerade bei Büchern, DVDs, PC-Spielen, CDs oder Deko-Artikeln lohnt es sich, regelmäßig durchzuschauen, was davon wirklich noch genutzt wird, und auch mal einiges wegzugeben. Ein Tipp: In vielen Orten gibt es Bücherschränke, die wie eine kleine Leih- und Tauschbörse funktionieren: Bücher, aber auch oft DVDs und Ähnliches kannst du dort hineinstellen und ein anderer kann es mit nach Hause nehmen, es behalten oder wieder zurückbringen. Auch du kannst dir dort andere Bücher „ausleihen" und natürlich deine Bücher loswerden.

Der Kleiderschrank und das Schuhregal

Vielleicht kennst du das hier: Du hast dich morgens geduscht und stehst nun vor dem Kleiderschrank und überlegst, was du anziehen sollst: Dieser Pulli ist zu eng (vielleicht passt er ja nächstes Jahr wieder), diese Jeans drückt, sieht aber wahnsinnig gut an dir aus (vielleicht noch fürs Büro), das weiße Kleid steht dir eigentlich nicht so gut (vielleicht noch für den Strand)… Aber was ziehe ich nur heute an? Entschuldige, wenn ich das jetzt so ehrlich sagen muss (auch ich musste mir das eingestehen), aber diese Zeit, die du vor deinem Kleiderschrank stehst und solche Gedankengänge hast, die ist REINE ZEITVERSCHWENDUNG. Das ist Mental Load, den du einfach ausrangieren kannst: Nimm dir einen Nachmittag Zeit und sortiere alles aus, was du seit einem Jahr nicht anhattest. Reduziere deine Anziehsachen so, dass du jeden Morgen nur hineinzugreifen brauchst und dann IMMER ein Kleidungsstück in der Hand hältst, das du gern anziehst. Und wenn du dann das Gefühl hast, nun zu wenig Klamotten zu besitzen, dann überprüfe genau: Stimmt das wirklich?

Brauche ich 10 Hosen, oder reichen vielleicht fünf oder nur drei? Ich wasche mindestens einmal pro Woche die Kochwäsche. Da genügen doch sieben oder acht Slips und Sockenpaare, oder? Ein bis zwei Kleider für schicke Anlässe sind gut, aber 12? Muss nicht sein, ziehe ich niemals an. Die Bloggerin Janina Sarah Westphal schreibt: „Mittlerweile besitze ich nur noch ca. 10 Pullover, 3 Jeans, 10 Shirts … Und wisst ihr was? Das reicht."[46] Und ebenso verhält es sich mit dem Schuhregal (sorry, ich weiß, empfindliches Thema, aber da müssen wir jetzt durch) und – bitte tief durchatmen – mit der Taschensammlung an der Garderobe (autsch, tut weh, ich weiß). Sei ein wenig gnadenlos mit dir, es lohnt sich echt! Verschenke oder verkaufe, was du nicht mehr trägst, ein anderer freut sich bestimmt! Und wenn du dir etwas Neues kaufen musst, weil vielleicht ein Kleidungsstück zerrissen ist oder nicht mehr zu reinigen geht, dann nimm dir Zeit beim Neukauf: Probiere, ob das Stück dir wirklich passt und dir auch gefällt. Frage dich, ob du es im Alltag anziehen würdest. Und eines kann ich dir sagen: Du sparst mit solch einem Kleiderschrank nicht nur Zeit! Kaum etwas macht wohl glücklicher als ein Schrank voller Lieblingsstücke, oder? Noch ein kleiner Tipp: Ich hatte einige alte Lieblingsstücke, die mir seit der Geburt meines zweiten Kindes nicht mehr passen (obwohl ich wieder genauso viel wiege wie früher). Ich brachte sie zu einer Schneiderin. Sie hat mir zwei wundervolle und absolut einzigartige Kleider daraus genäht. Ich liebe es, sie anzuziehen!

Die Küche

Auch die Küche ist ein Ort, wo sich schnell Dinge ansammeln, die wir, wenn wir ehrlich sind, kaum nutzen. Teller, Tassen und Besteck sollte natürlich immer ausreichend vorhanden sein, auch für Gäste. Aber was ist mit Schüsseln, Aufbewahrungsboxen, der Eismaschine? Apropos elektrische Küchengeräte: Wenn du genau überlegst, finden sich manchmal auch Geräte, die die Arbeit eines anderen übernehmen können. Ein Smoothie-Maker ist toll, aber reicht nicht der Pürierstab auch aus, um dein morgendliches Obst und Gemüse zum gesunden Drink zu machen?

Ach ja, und dann ist da noch die alte Kaffeekanne von Oma, an der du hängst, die du aber nie benutzt. Ich hatte DREI solcher Kannen; zwei habe ich verschenkt und eine benutze ich mittlerweile zum Blumengießen.

Das Bad

In meinem Bad im Schrank für die Reinigungsmittel stehen zwei Flaschen: Die eine enthält einen umweltfreundlichen Allzweck-Bodenreiniger, weil wir in der ganzen Wohnung Holzfußboden und Laminat haben. Der geht auch wunderbar für unsere Holzmöbel. Die zweite ist eine ausgediente Sprühflasche, in der einmal Fensterreiniger war. Ich habe sie mit Wasser und 25-prozentigem Tafelessig aufgefüllt. Damit bekomme ich die Fensterscheiben, die Dusche, das Waschbecken und die Toilette blitzeblank sauber, und da Essig auch gleich desinfiziert, brauche ich mir um Keime und Bakterien keine Sorgen zu machen. Früher hatte ich eine ganze Armada von Reinigungsmitteln: Dusche, Toilette, Fensterscheiben, Holzboden, Möbel, alles hatte sein eigenes Fläschchen, und ständig stand ich bei Rossmann vor dem Regal und überlegte, ob es nicht noch einen besseren Reiniger für dieses und jenes gäbe. Mit der Geburt unserer Kinder wollte ich keine gesundheitsschädlichen Mittel mehr im Haus haben – es war mir einfach zu gefährlich. Und da viele meiner Reiniger mit dem Gefahrenzeichen auf der Rückseite ausgestattet waren, suchte ich nach Alternativen, und fand sie in diesen beiden Mitteln. Schau doch einmal in deinen Schrank und überlege, welches deiner Reinigungsmittel du wirklich brauchst, oder ob sich nicht drei Flaschen durch eines, das für mehrere Oberflächen geeignet ist, ersetzen lässt. Das spart Platz und auch Nachdenk-Zeit im Rossmann! Ebenso kannst du im Kosmetik-Regal verfahren: EIN Make-up, EIN Parfüm, EIN Deo, EINE Hautcreme oder Bodylotion – reicht doch eigentlich, oder? Na gut, weil du es bist: Bei Nagellack und Lidschatten mache ich eine Ausnahme, da gibt es so viele schöne Farben …

Sonderfall: Das Kinderzimmer

Ganz besonders im Kinderzimmer sammelt sich – auch, wenn du das gar nicht möchtest – ein Haufen Zeug an, sodass es sich lohnt, auch hier regelmäßig auszusortieren. Malbücher, Vorschulblöcke, kleine Spielzeuge aus Überraschungseiern und Zeitschriften, kaputtes Spielzeug – da kommt einiges zusammen.

Im Kinderzimmer gelten allerdings besondere Regeln: Alles, was du hier findest, gehört dir ja genau genommen nicht, sondern deinem Kind oder deinen Kindern. Allerdings ist es so, dass Kinder erfahrungsgemäß Schwierigkeiten haben, sich von ihren Spielsachen zu trennen. Selbst Bücher, die sie gar nicht mehr anschauen, oder Puppen, die seit Jahren in der Ecke liegen, werden plötzlich zum Lieblingsspielzeug, wenn Mama ans Ausmisten geht. Hier ist es empfehlenswert, mit viel Fingerspitzengefühl vorzugehen. Denn selbst wenn deine Kinder sich bereit erklären, dieses oder jenes wegzugeben, kann es gut passieren, dass sie abends weinend im Bett liegen und ihr Spielzeug wiederhaben wollen, das sie noch am Nachmittag mit dir freudestrahlend in den Rote-Kreuz-Shop getragen haben.

Ich empfehle, beim Kinderzimmer eine Ausnahme zu machen, bis dein Kind mindestens 10 Jahre alt ist. Dann könnt ihr gemeinsam entscheiden, ob nicht das eine oder andere weg kann. Was du aber regelmäßig machen kannst, ist: entschlacken. Damit meine ich, kaputtes Spielzeug oder überflüssigen Kleinkram zu entsorgen, wenn dein Kind in der

Kita oder in der Schule ist. Das sind Dinge, von denen die meisten Kinder wirklich nicht bemerken, wenn sie weg sind. Und fällt es ihnen doch auf, sagst du ihnen, dass du das Spielzeug leider wegtun musstest, weil es nicht mehr zu reparieren war. Kinder verstehen das, werden aber unheimlich traurig, wenn sie dabei zusehen müssen. Was du weiterhin machen kannst, das ist, ausgemalte Malbücher und Rätselblöcke auszusortieren und zu entsorgen. Ebenso verhält es sich mit Bildern und Basteleien: Wenn dein Kind gern malt, kannst du einfach nicht alles aufheben, auch, wenn das traurig ist. Mein Tipp: Suche regelmäßig die schönsten Bilder aus und hebe sie in einem Ordner auf. So hast du ein paar Erinnerungen. Und auch dein Kind wird bestimmt Freude daran haben, den Ordner gelegentlich anzuschauen. Alles andere kommt in die Papiertonne, und bitte nur dorthin! Geh nicht das Risiko ein, die Bilder in den Papierkorb zu tun und sie von deinem Kind wieder herausfischen zu lassen! Das würde seinem Selbstwertgefühl nicht guttun.

Und noch ein letzter Tipp: Schenkwütige Großeltern, Freunde und Verwandte kannst du bitten, sich auf Geld oder auf eine von dir erstellte Liste an Geschenken zu beschränken. Auch damit verhinderst du, dass das Kinderzimmer überquillt. Das braucht manchmal ein wenig Überredungskunst, aber es lohnt sich!

<ins>Bücher zum Weiterlesen:</ins>

Mindset:

Carol Dweck: Wie unsere Gedanken Erfolg und Niederlagen bewirken. Ins Deutsche übersetzt von Jürgen Neubauer. Piper Verlag. München 2017.

Das innere Kind:

Susanne Hühn: Die Heilung des inneren Kindes. Schirmer Verlag. Darmstadt 2017.

Stefanie Stahl: Das Kind in dir muss Heimat finden. Kailash Verlag/Penguin Random House Verlagsgruppe. München 2015.

3. Weg: Stress, stressiger, Mama-Alltag: Wie du Stress abbauen kannst und zu mehr positiver Energie kommst

Guter und schlechter Stress

„Stress entsteht im Kopf, Entspannung auch."

— unbekannt

Sicherlich hast du schon einmal davon gehört, dass es zwei Arten von Stress gibt: den positiven Stress und den negativen.

Positiver Stress ist zwar anstrengend, aber etwas Gutes: Er bringt unseren Körper für bestimmte Situationen durch Hormonausschüttungen auf Trab und sorgt dafür, dass wir erfolgreich schwierige Aufgaben meistern. Nachdem wir das geschafft haben, beruhigt sich der Körper wieder und Entspannung setzt ein.[47] Bei negativem Stress verhält es sich allerdings gegenteilig, und das ist genau der Stress, der auch zu Mental Load führt: „Das Muttersein bringt indes leider oft nicht nur gut zu bewältigende, punktuelle Stressbelastungen, sondern Dauerstress mit sich. Dann spricht man von negativem Stress und der ist gefährlich. Er kann sich bis zu einem Mama-Burn-out steigern. Und dann geht gar nichts mehr."[48] So beschreibt es sehr treffend die Bloggerin Lena Franck auf ihrer Seite „Kraftvoll Mama".

Negativer Stress hat viele Ursachen, von denen einige auch schon Thema in unserem Buch waren: Michaela Lang und Oliver Fritsch beschreiben unter anderem

Zeitmangel,

Ängste,

negative Glaubenssätze,

Missverständnisse bei der Kommunikation,

aufgeschobene Entscheidungen,

Schuldzuweisungen an andere,

die Flut an Informationen im Alltag und

Abhängigkeiten in Beziehungen

als Quellen für Stress.[49]

Stress wahrzunehmen ist nicht schwer: Jede von uns Mamas kennt diese innere Anspannung, die Hektik, den Drang, Dinge schnell zu erledigen. Um dem Stress beizukommen, gibt es einige Maßnahmen, die in akuten Fällen sofort Linderung verschaffen, indem sie die körperlichen Symptome von Stress bekämpfen. Langfristig ermöglichen sie aber keine dauerhafte Entspannung. Die erreichst du nur, wenn du nicht nur die Symptome, sondern auch die Ursachen von deinem Stress bekämpfst. Ich sage bewusst „dein Stress", denn Stress ist etwas Individuelles. Vielleicht treffen alle oben genannten Ursachen auf dich zu, vielleicht sind es aber auch nur einige der aufgezählten Punkte, die bei dir persönlich den Stress auslösen. Das kannst nur du herausfinden – und ändern. Stehst du im Augenblick sehr unter Strom und fühlst dich gar nicht in der Lage, eine Tiefenanalyse durchzuführen, helfen dir die folgenden Anti-Stress-Übungen.

Sofort-Maßnahmen gegen Stress

Balle deine Fäuste, so fest du kannst, zähle im Kopf 21-22-23, und öffne die Fäuste. Das ganze drei Mal hintereinander durchführen.

Lege eine Pause von fünf bis zehn Minuten ein, in der du NICHTS tust außer aus dem Fenster oder auf die Wand zu schauen

Reagiere dich ab, indem du laut schimpfst, auf ein Kissen haust oder mit dem Fuß aufstampfst.

Schalte alle Lärm- und Informationsquellen ab: den Fernseher, das Radio, das Smartphone, den PC, schließe das Fenster, geh aus dem Raum, wenn er voller Menschen ist, suche für ein paar Minuten einen ruhigen Ort auf, zum Beispiel den Garten, den Park oder die Toilette.

Mache 20 Kniebeuge und 20 Armkreise (vorwärts und rückwärts).

Diese Übungen kannst du immer anwenden, wenn du dich gestresst fühlst. Langfristig kannst du den Mama-Stress jedoch nur abbauen, indem du den Ursachen auf die Spur kommst.

Aber ich denke, du wirst mir zustimmen, dass zwei der Hauptursachen für Stress bei uns Mamas der Zeitmangel und Schwierigkeiten in der Kommunikation sind. Daher will ich an dieser Stelle besonders darauf eingehen.

Die Zeit rennt mir davon – was tun bei Zeitmangel

Zeitmangel ist bei uns Mamas selbstverständlich häufig anzutreffen. Wie bereits beschrieben wurde, ist unser Alltag unheimlich vollgepackt mit Aufgaben und Erwartungen. Trotzdem muss das nicht in Dauerstress ausarten.

Tipp 1: Erstelle einen Zeitplan

Schreibe eine Liste mit allem, was deine Woche füllt, und dem ungefähren Zeitrahmen, den jede Aufgabe beansprucht. Dann überlege: Muss das alles wirklich sein? Gibt es etwas, das unwichtig ist und weggelassen werden könnte? Wenn ja: Raus damit!

Tipp 2: Nein sagen üben!

Ganz gleich, ob es dein Kind ist, das auf dem Spielplatz nicht nur ein letztes Mal, sondern fünf letzte Male rutschen will, ob das deine Mutter ist, die dich anruft, um jede Mahlzeit und jede Zutat für euren Ferienbesuch und sämtliche Details ihres letzten Arztbesuches ausführlich mit dir zu erörtern, oder ob es der Kindergarten ist, der dich permanent zur Mitarbeit im Elternrat, zum Arbeitseinsatz im Garten oder zur Begleitung beim Ausflug engagieren will. Du kannst nicht überall dabei sein, auch wenn das schade ist. Und, ganz ehrlich: Möchtest du das? Ist es nicht eher so, dass du dich oft zu Dingen überreden lässt, von denen du eigentlich weißt, dass sie dir unweigerlich Zeitmangel bringen werden? Also: Sag ab und an freundlich, aber bestimmt Nein.

Tipp 3: Vermeide Multitasking!

Das klingt zwar nicht nach effektivem Zeitmanagement, ist es aber! Multitasking bedeutet, mehrere Dinge gleichzeitig zu erledigen – aber nicht ordentlich. Das schafft nichts und produziert Unzufriedenheit und Stress. Mach lieber eins nach dem anderen, oder, wie man in Hamburg sagt: „Immer ruhig und gediegen, was nicht fertig wird, bleibt liegen."

Energiefresser wie Uneinigkeiten und Missverständnisse im Alltag vermeiden

Fritsch und Lang beschreiben das Problem so: Jeder Mensch steht in einem System aus Beziehungen zu den unterschiedlichsten Menschen: seiner Familie, den Freunden, Kollegen und Vorgesetzten. Wenn wir jung sind, dann sind diese Beziehungen relativ „unbelastet", aber je länger wir uns kennen, desto mehr Uneinigkeiten, Reibereien und Missverständnisse häufen sich an, die ein gefährliches Eigenleben entwickeln können. Derartige „Kommunikationsstörungen" können, „wenn sie längere Zeit ungelöst bleiben, zu ernsthaften Beeinträchtigungen und Störungen des Wohlbefindens führen".[50]

Tipp 1

Um derartige Belastungen zu vermeiden, ist es notwendig, Probleme – am besten immer sofort – anzusprechen.[51]

Tipp 2

Um Missverständnisse zu vermeiden, ist es wichtig, dass dein Gegenüber dich versteht. Sprichst du zum Beispiel mit deinem Kind, solltest du auf lange Erklärungen, komplizierten Satzbau und Fremdwörter verzichten. Sage geradeheraus, was du möchtest, und versuche nicht, deine Bedürfnisse zu umschreiben.

Ein Beispiel: Dein Kind klettert an einem Brückengeländer herum und du möchtest, dass es da herunterkommt. Aussagen wie „Das ist aber gefährlich“ enthalten weder deinen Wunsch noch eine Handlungsanweisung. Eindeutiger wäre: „Komm dort herunter! Das ist zu gefährlich!“ Und ganz wichtig: Lass das „bitte“ weg! Es ist keine Bitte, wenn dein Kind in Gefahr ist und du willst, dass es sich aus der Gefahr heraus begibt! Eine Bitte beinhaltet, die Wahl zwischen „Ja“ und „Nein“ zu haben. Formuliere also Bitten nur dann, wenn du dir sicher bist, dass dein Kind sich auch wirklich entscheiden darf!

Tipp 3

Wenn es darum geht, Missverständnisse zu klären, endet es weniger im Streit, wenn du Vorwürfe vermeidest und dafür Ich-Botschaften formulierst. Diese Idee geht auf den amerikanischen Psychologen Thomas Gordon zurück, der besonders durch seine Arbeit mit Kindern Konzepte für eine gewaltfreie Kommunikation entwarf.[52]

Ein Beispiel: Anstatt deinem Kind vorzuwerfen: „Du schmeißt immer deine Klamotten auf die Erde!“, kannst du sagen: „Ich sehe oft deine Sachen auf der Erde liegen. Das ärgert mich, weil ich sie dann aufheben und waschen muss.“

Weitere Anregungen und Tipps für die Bekämpfung von Zeitmangel und Kommunikationsschwierigkeiten sowie die weiteren Ursachen von Stress findest du wieder am Ende des Kapitels unter der Rubrik „Bücher zum Weiterlesen“.

Ernährung und Sport

Unterstützend möchte ich noch zwei wichtige Dinge zum Abbau von Stress ansprechen: Sport und Ernährung.

Tatsächlich weisen Ärzte und Wissenschaftler schon seit längerer Zeit darauf hin, dass der Mangel an Bewegung und eine ungesunde Ernährung nicht nur dem Körper schaden, sondern auch unser seelisches Wohlbefinden beeinträchtigen: „Sport erhöht auch die Konzentration von Dopamin, Serotonin und Noradrenalin im Blut, die (…) die Stimmung verbessern und Stressgefühle mindern."[53] Leider seien Sport und Bewegung aber aus unserem Alltag nahezu gänzlich verschwunden: das Auto und die Bahn, sitzende Tätigkeiten und alltagserleichternde Dinge wie Fahrstühle oder der Lieferservice für das Essen bewirken, dass zwei Milliarden Menschen sich täglich zu wenig bewegen![54]

Die Weltgesundheitsorganisation WHO empfiehlt für erwachsene Personen, sich jede Woche mindestens 2 Stunden und 30 Minuten lang moderat oder 1 Stunde und 15 Minuten lang intensiv zu bewegen, wobei jede Sporteinheit mindestens 10 Minuten umfassen sollte.[55]

Moderater Sport für uns Mamas ist zum Beispiel:

Ein schneller Spaziergang mit dem Kinderwagen.

Das Bringen und Abholen von der Kita/Schule mit dem Fahrrad.

Ein kleiner Einkauf mit dem Fahrrad.

Eine Fahrradtour am Nachmittag mit den Kindern durch den Park oder ins Nachbardorf.

Schnelles Walken, während das Kind Laufrad fährt.

Intensiver Mamasport ist zum Beispiel:

10 Minuten Fangen spielen im Park oder im Garten (Das Kind sollte mindestens 5 Jahre alt sein).

Eine wilde Partie Basketball, Federball oder Fußball (Das Kind sollte mindestens 10 Jahre alt sein).

10 Minuten Toben im Swimmingpool.

Wenn dein Kind Lust hat und alt genug ist, könnt ihr auch zusammen Inline Skaten, Schlittschuhe fahren, Joggen oder schneller Fahrrad fahren.

Oder vielleicht habt ihr Lust, einen gemeinsamen Auspower- oder Tanzkurs zu besuchen?

Alles ist erlaubt, Hauptsache: Bewegung! Und die lässt sich auch in den Mama-Alltag integrieren!

Was die Ernährung betrifft, wird es schon schwieriger. Die ehemalige Skirennmeisterin Lindsey Vonn schreibt in ihrem Buch „Strong is the new beautiful“: „Für jede Diät lässt sich mindestens eine Studie finden, die deren Vorteile beweist: High Carb, Low Carb, vegan, Rohkost, die Keks-Diät, ja sogar die Bacon-Steak-Diät.“[56] Was allerdings jede Art der gesunden Ernährung verbinde, sei die Wahl der Zutaten: Natürliche statt industriell verarbeitete Nahrungsmittel seien wichtig.

Warum? In der industriellen Nahrungsmittelproduktion „werden natürliche Nährstoffe entfernt und Zusatzstoffe beigegeben", damit die Lebensmittel länger haltbar werden oder attraktiver aussehen. Das Problem dabei sei: „Viele dieser Zusätze haben keinerlei Nährwert, aber viele Kalorien", was bedeute, dass natürliche Eiweiße, Fette, Vitamine und Mineralien fehlten, dafür aber Kohlenhydrate und vom Körper schwer abbaubare Fette im Übermaß enthalten seien. In naturbelassener Nahrung, wie sie direkt aus dem Garten oder vom Bauernhof kommt, sei alles im richtigen Maß enthalten.[57] Ich möchte an dieser Stelle nicht die Vorteile von veganer, glutenfreier, laktosefreier oder Alles-in-Maßen-Ernährung besprechen. Ich denke, das muss jeder für sich entscheiden – es gibt für alles gute Gründe und Gegenargumente. Aber ich denke, man kann sich darauf einigen, dass Tiefkühlpizza, Pommes, Süßigkeiten aus dem Discounter und Dosensuppen mit Tausenden Zusatzstoffen unserem Körper nicht guttun, sondern ihn stressen.

Frisches Obst und Gemüse, Milch und Fleisch vom Bauern oder in Bio-Qualität und Naturprodukte wie Honig oder naturbelassene Nüsse und Kerne dagegen sind gesund und helfen dir auch, zu seelischer Ausgeglichenheit zu kommen.

4. Weg: Happy Mum – glücklich sein kann trainiert werden

„Nimm dir Zeit zum Glücklichsein, es ist die Quelle der Kraft.
Nimm dir Zeit zum Spielen, es ist das Geheimnis der Jugend.
Nimm dir Zeit zum Lesen, es ist der Ursprung der Weisheit."

— Achim von Arnim

Sie sind und bleiben offensichtlich die glücklichsten Menschen der Welt: die Skandinavier, die Neuseeländer, die Australier und die Kanadier. Wir Deutschen dagegen kleben im beginnenden Mittelfeld fest: Rang 17 ist es im Jahr 2020 von allen 153 in die Studie einbezogenen Länder.[58] Warum ist das so? Bei der Erforschung des Glücks muss zuerst bedacht werden, dass wir uns hier auf einem Gebiet befinden, das sehr schwer wissenschaftlich fassbar ist. Die Frage „Was ist Glück?" allein füllt ganze Bibliotheken, jeder Philosoph, Schriftsteller, Psychologe, Neurologe, Humanbiologe oder Sozialwissenschaftler hat einen anderen Blickwinkel auf das Thema Glück. Dies alles zu erörtern würde zu weit führen. Was die Forscher des World Happiness Records tun, das ist, einen Zusammenhang des Glücks mit verschiedenen Faktoren herzustellen, die offensichtlich sehr zum persönlichen Wohlbefinden jeder Person beitragen. Dazu zählen finanzielle Sicherheit durch einen einträglichen Job und soziale Unterstützung, Gesundheit und eine hohe Lebenserwartung, Freiheit in den Entscheidungen des Lebens, die Menge und

Art der sozialen Kontakte und das Vertrauen in die Politik.[59] Da können wir ja einmal ansetzen und uns persönlich fragen:

Wie zufrieden bin ich?

Mit unseren Wohnverhältnissen?
Mit meinem Einkommen?
Mit meinem Job?
Mit meiner Bildung?
Mit meinem sozialen Umfeld?
Mit meinem Engagement für die Gesellschaft?
Mit meiner Gesundheit?
Mit meiner Work-Life-Balance?
Mit meiner Absicherung der Zukunft?
Jetzt gibt es zwei Möglichkeiten:

Entweder stellst du gerade fest, dass du in all diesen oder den meisten Faktoren eigentlich recht zufrieden bist. Dann ist dein Glücksempfinden offensichtlich ein philosophisch-psychologisches Problem.

Oder du merkst: Alle oder die meisten der Fragen habe ich mit „eher unzufrieden" beantwortet. Dann kannst du dich hinsetzen und Schritt für Schritt überlegen: Wie könnte ich das verbessern?

Zählst du zur ersten Gruppe, dann habe ich eine kleine Geschichte für dich. Sie stammt von dem berühmten Psychologen und Kommunikationswissenschaftler Paul Watzlawick und geht so: Ein Mann will ein Bild aufhängen. Er hat einen Nagel, aber keinen Hammer. Er weiß, dass der

Nachbar einen Hammer hat. Also beschließt er, seinen Nachbarn zu fragen, ob er sich seinen Hammer leihen darf. Doch dann kommen ihm Zweifel: Was ist, wenn der Nachbar mir den Hammer nicht leihen will? Hat er mich nicht gestern erst nur flüchtig gegrüßt? Vielleicht hatte er es eilig – vielleicht hat er aber auch nur so getan, weil er mich nicht ausstehen kann. Aber ich habe ihm doch gar nichts getan! Ich war immer freundlich zu ihm. Was der sich einbildet! Wenn er etwas bräuchte, ICH gäbe es ihm sofort! Warum macht er das nicht? Wie kann man seine Mitmenschen nur so behandeln? Leute wie der machen einem echt das Leben schwer! Schließlich hat sich der Mann so in seine Gedanken hineingesteigert, dass er wütend beim Nachbarn klingelt und ihn anbrüllt: „Behalten Sie doch Ihren blöden Hammer!“[60]

Natürlich ist die Geschichte übertrieben und witzig gemeint, aber die Quintessenz für unser Problem lautet: Eigentlich ist alles da, was du zum Leben brauchst. Dein Unglücklichsein ist also nicht auf äußere Umstände, sondern auf deine inneren Einstellungen zurückzuführen. Was kann man da tun? Der Psychologe Rolf Merkle stellt fest: „Unsere Lebensbedingungen oder Faktoren wie Wohlstand, gesellschaftlicher Status, Geschlecht, Intelligenz oder Alter entscheiden nicht maßgeblich über unser Glücklichsein.“ Er sagt, dass es hauptsächlich an unserer Einstellung zum Leben hinge, an der Art, wie wir auf Veränderungen und Probleme reagieren, ob wir positiv oder negativ auf unser Leben schauen.[61] Was ist denn nun richtig, fragst du dich jetzt: Geld, Sicherheit und Freunde oder einfach nur meine

Lebenseinstellung? Ich möchte einmal behaupten: Es ist beides. Du kannst noch so viel Geld und ein schönes Zuhause und gesunde Kinder haben, aber wenn du an jeder Ecke Schwierigkeiten und Probleme siehst, wenn du aus jedem Satz, den andere zu dir sagen, eine persönliche Beleidigung heraushörst, dann helfen dir alle Reichtümer der Welt nicht glücklich zu sein. Wenn du aber andersherum jemand bist, der sich an den kleinen Dingen des Lebens freut, der es genießt, mit seinen Kindern und Freunden zusammen zu sein, der sein Zuhause mag und auch mit weniger Geld zurechtkommt, der aber Angst vor der Zukunft haben muss, weil sein Einkommen nicht ausreicht, um im Alter ein gutes Leben zu führen, oder einen Job machen muss, der total nervt – dann ist das mit dem puren Glücksgefühl auch so eine Sache.

Ich denke, es ist so: Kein Mensch ist immer glücklich. Das Gefühl des Glücklichseins ist wunderbar, aber es ist nur ein Teil von uns, ebenso wie Angst, Trauer, Wut, Freude und Zufriedenheit. Allerdings ist es hilfreich, an seinem Glücklichsein zu arbeiten, und sich nicht von den Dingen, Forderungen und Aussagen seines Umfelds permanent aus den Schuhen hauen zu lassen. Und da bin ich mir ganz sicher: Das kann man üben!

Um deinem Glück als Mama ein wenig auf die Sprünge zu helfen, habe ich einige Fragen für dich zusammengestellt. Sie sollen der Anregung dienen und dir helfen, deinen Alltag als Mama nicht mehr ausschließlich als Belastung und

Ansammlung von Forderungen anderer zu sehen, sondern in dich selbst hineinzuhorchen und zu überlegen:

Was tut mir gut?

Dazu diese Fragen:

Wenn alles möglich wäre, was würdest du in deinem Leben verändern?
Was brauchst du, damit es dir gut geht?
Wofür bist du heute dankbar?
Bist du dir selbst eine gute Freundin?
Wobei kannst du die Zeit komplett vergessen?
Welche Momente des Tages genießt du besonders?
Wann hast du zuletzt etwas Spontanes oder Verrücktes gemacht?
Wann hast du dir zuletzt einen Wunsch erfüllt?
Wie wichtig ist es dir, was andere über dich denken?
Bei welchen Dingen könntest du optimistischer sein?
Wann hast du zuletzt laut ein Lied mitgesungen?
Worauf kannst du stolz sein?
Was kannst du tun, um deine Stimmung zu verbessern?
Was war dein glücklichster Moment heute?
Hältst du an etwas fest, von dem du dich besser lösen solltest?
Schenkst du dir selbst genug Anerkennung für das, was du jeden Tag leistest?
Wann hast du zuletzt einfach deinem Bauchgefühl vertraut?
Wann warst du das letzte Mal kreativ?
Wann hast du das letzte Mal nur deine Atmung beobachtet?
Worauf freust du dich derzeit am meisten?

Wann hast du das letzte Mal so arg gelacht, dass dir die Tränen gekommen sind?

Tipp 1

Nimm dir einen Stift und schreibe dir die Fragen und ihre Antworten auf. Hänge den Zettel so auf, dass du ihn jederzeit lesen kannst. Oder picke dir jeden Tag eine andere Frage heraus und beantworte sie dir bewusst.

Tipp 2

Führe ein Glückstagebuch. Schreibe darin Erlebnisse auf, die dich froh gemacht haben, lustige Sätze deiner Kinder, witzige Anekdoten mit deinem Partner oder Freunden, ein Spaziergang im Wald ... Das ist Nahrung für die düsteren Tage, wenn nichts zu funktionieren scheint!

Tipp 3

Geh hinaus in die Natur! Ich muss dir ehrlich sagen: Ich zweifle jedes Mal daran, aber es ist einfach so: Jeder Waldspaziergang, jedes Gekraxel auf einen Berg mit schöner Aussicht, jede Wanderung durch eine Blumenwiese macht mich froh und zufrieden. Frag mich nicht, woran das liegt – ich kann dir nur sagen: Es hilft immer. Und offensichtlich bin ich mit dieser Erkenntnis nicht allein:

„Erst im Wald kam alles zur Ruhe in mir, meine Seele wurde ausgeglichen und voller Macht."

— Knut Hamsun

„Wenn man so ganz allein im Wald steht, begreift man schwer, wozu man in Büros und Kinos geht. Und plötzlich will man alles das nicht mehr."

– Erich Kästner

5. Weg: Weniger Perfektion, mehr Leichtigkeit – Auswege aus der Perfektionsfalle

„Wer nie einen Fehler beging, hat nie etwas Neues ausprobiert."

— Albert Einstein

Vielleicht kennst du Augenblicke wie diese: Bei der Einschulung stand dein Kind da vorn mit 20 anderen Kindern auf der Bühne. Drei Kinder hatten gekaufte Zuckertüten (eines davon war dein Kind). ALLE anderen hatten wunderschöne, selbst gebastelte Kunstwerke im Arm mit tollen Bildern, Motiven, Perlen, Schnüren …

Oder:

Du holst dein Kind vom Geburtstag ab und wirst sofort mit einem Strom von begeisterten Aussagen überflutet:

„Wir haben Glitzerarmbänder gebastelt und Alinas Papa hat ein Puppentheater aufgeführt und Alinas Mama hatte eine Eisprinzessinnen-Torte selbst gemacht und für Alina ein Prinzessinnenkleid genäht mit einem Schleier und einer

Schleppe und, und, und …“ Wie fühlst du dich in solchen Situationen?

Wenn du einfach nur denkst: „Das haben die anderen aber schön gemacht,“ dann kannst du dieses Kapitel getrost überblättern. Wenn du aber solche Gedanken hast: „Oh, Mist, mein Kind steht da mit dieser fantasielosen, selbstgekauften Tüte, da hätte ich mir aber auch echt mehr Mühe geben und eine selbst basteln können, oh weia, wie peinlich, mein armes Kind …“. Oder vielleicht sogar so etwas: „Ich muss unbedingt einen Nähkurs besuchen, ich konnte noch nie nähen, aber es wird echt höchste Zeit, sonst kann ich meinem Kind nie solche schönen Kostüme nähen, und so eine Torte, darauf wäre ich ja nie gekommen, das sieht aber schwierig aus, ob ich das auch hinbekomme, meine letzte war ja nur mit bunten Streuseln …“. Ja, wenn du eher solche Gedanken hast, dann sprechen wir jetzt über das Thema Perfektionismus.

Funktionaler und dysfunktionaler Perfektionismus

Wenn es um Perfektionismus geht, unterscheiden wir zunächst zwei Arten: den funktionalen und den dysfunktionalen Perfektionismus.[62] Funktionaler Perfektionismus bedeutet, dass jemand hohe Erwartungen an die eigene Arbeit hat und daher jede Aufgabe ordentlich und eingehend erledigt – und hinterher stolz auf seine Arbeit ist (ein ganz zentraler Punkt!). Sein Perfektionismus „funktioniert“ sozusagen gut im Alltag und führt zu keinen schlimmen Beschwerden. Dysfunktionaler Perfektionismus ist – wie das Wort schon verrät – weniger gut: Ein dysfunktionaler Perfektionist ist jemand, „der nicht daran glauben kann, liebenswert zu sein. Und das ist eine Qual. Er ist überzeugt, dass er sich die Liebe verdienen muss oder dass er zumindest sicherer ist, wenn er etwas vorzuweisen hat."[63] Dysfunktionaler Perfektionismus ist nach Dr. Bonelli häufiger bei Müttern als bei Vätern anzutreffen, da sie unter „unheimliche(m) gesellschaftlichen Druck" ständen: Sie kriegten ständig von allen Seiten gesagt, wie sie es besser machen könnten, und träfen dann ihre Entscheidungen, um die Anerkennung von anderen zu bekommen. Oft spiele auch ein schlechtes Gewissen eine Rolle, da sie sich „zwischen Kind und Job zerrissen fühlen."[64]

Oft käme das Vergleichen mit anderen Eltern und mit den eigenen Fähigkeiten hinzu: Dysfunktional perfektionistische Eltern erkenne man auch daran, dass sie ihr Kind in allem, was es tut, loben, auch wenn sie seine Leistung gar nicht lobenswert fänden. Und man sehe es auch an dem Druck, den sie auf ihr Kind ausübten, es zum Beispiel bei möglichst vielen Freizeitbeschäftigungen anmeldeten, obwohl das freie Spiel doch nachweislich für die gesunde Entwicklung der Intelligenz viel wichtiger sei.[65] Das Problem an dieser Art von Perfektionismus ist zum einen, dass hier Ziele angestrebt werden, die niemals erreicht werden können: „Perfektionismus (ist) im Prinzip nicht möglich. Betroffene sind also nie wirklich zufrieden mit sich selbst."[66] Zum anderen ist dieses Streben nach Perfektion etwas, das dauerhaft krank machen kann: hoher Blutdruck, Verdauungsstörungen, Magengeschwüre und Migräne sind nur einige der ernsthaften Folgen, wenn du dich zu sehr stresst, als Mama immer alles rundherum tipptopp zu erledigen.[67] Woher kommt das?

Ursachen für dysfunktionalen Perfektionismus

Eine Ursache haben wir bereits genannt: diese Personen, mit denen wir als Mama täglich zu tun haben und von denen sich nahezu jede befleißigt fühlt, uns unumwunden mitzuteilen, dass das, was wir als Mama da tun, SO GAR NICHT GEHT. Und die uns dann gleich mit einer Anzahl toller Erziehungstipps überhäufen, ob wir es nicht lieber so und so machen wollten. Das können die eigenen Eltern oder Großeltern, die Erzieherin oder Erzieher, ein Lehrer oder eine Lehrerin, Geschwister oder Freunde sein. Aber auch der Mann im Supermarkt mit seinem superflotten Spruch, wenn unser Kind in der Süßigkeitenabteilung wieder einmal einen Tobsuchtsanfall bekommt und sich nach Schokolade und Bonbons schreiend auf die Erde wirft. Oder die Kinderkrankenschwester, die anhand ihres innovativen Fragebogens herausgefunden hat, dass unser Kind die Wörter „Katze" und „Bleistift" noch nicht richtig aussprechen könne, und die unserem Kind damit attestieren möchte, dass es sich nicht „normal" entwickle. Hier kommt ein erster Trost: Dieses Problem scheint alt zu sein. Schon Johann Wolfgang von Goethe schrieb in seinem Roman „Die Leiden des jungen Werther": „Dass ihr Menschen (…) gleich sprechen müsst: ›das ist töricht, das ist klug, das ist gut, das ist bös!‹ Und was will das alles heißen? Habt ihr deswegen die innern

Verhältnisse einer Handlung erforscht? Wisst ihr mit Bestimmtheit die Ursachen zu entwickeln, warum sie geschah, warum sie geschehen musste? Hättet ihr das, ihr würdet nicht so eilfertig mit euren Urteilen sein."[68]

Dass also andere um dich herum ihren Senf gern dazugeben, offensichtlich insbesondere dann, wenn es um die Erziehung von Kindern geht, das ist, fürchte ich, ein Punkt, an den wir Mamas uns gewöhnen müssen. Wie wir uns für solche Situationen ein dickes Fell zulegen können, darauf gehe ich später noch ein. Weitere Ursachen für den ungesunden Perfektionismus sieht Dr. Bonelli in zwei weiteren Umständen: Zum einen verweist er auf die hohe Anzahl an Trennungen der Eltern, die seit den 1980er-Jahren verzeichnet wird und die damit unsere Generation am bisher eindringlichsten getroffen hat.[69] Viele von uns Mamas haben die Scheidung oder das Auseinandergehen der eigenen Eltern erleben müssen. Die vielen Unsicherheiten, die damit unsere Kindheit überschattet haben, wurden oft kaum thematisiert. Und darüber hinaus gab es auch keine Hilfen oder Beratungen und auch keinen Trost, wie wir damit umgehen sollten. Ganz im Gegenteil: Ich selbst erinnere mich, wie eine Erzieherin ein Kind, dass wegen der Trennung seiner Eltern im Hort oft weinte, permanent wegen seines „Geheules" ausschimpfte, obwohl sie von den Umständen zu Hause wusste. Zum anderen thematisiert Bonelli den „Verlust an Werten" in der Gesellschaft: „Weil Religion, Spirituelles, Gutes und Wahres immer weniger eine Rolle spielen, gehen den Menschen die Perspektiven verloren." Erfolg und Materielles seien dafür in den Vordergrund gerückt.[70] Nun ja, das kann ich bestätigen: In meinem Bekanntenkreis ist oft von „muss" die Rede: Ich MUSS viel arbeiten, um Kredite und Raten zurückzuzahlen, ich MUSS ein Haus kaufen, weil es mit einer Familie in der Mietwohnung nicht geht, ich MUSS ein neues Auto kaufen, weil das zweite Kind kommt und das alte Auto zu klein ist … . Ich persönlich stelle dieses Wort gern infrage. Doch dazu im nächsten Absatz mehr.

Was du gegen Perfektionismus tun kannst

„Das Glück gehört denen, die sich selber genügen."

– Aristoteles

Zwei Dinge haben wir schon herausgestellt:

1. Absoluter Perfektionismus ist nicht möglich.
2. Gesunder Perfektionismus, wenn er als Eigenanspruch mit anschließendem Lob daherkommt, ist etwas Gutes.

Ist das nicht ein Widerspruch?, denkst du vielleicht. Nein. Es geht, wie oft im Leben, um das Maß der Dinge, um einen gesunden und guten Weg zwischen den Extremen.

Meine 8 Tipps gegen Perfektionismus sind daher:

Tipp 1

Versuche dir bewusst zu machen, dass absolute Perfektion unmöglich ist.

Tipp 2

Schreibe dir positive Sätze auf, mit denen du dich gegen das Gerede um dich herum stärken kannst.

Zum Beispiel: „Ich bin hübsch, ich bin freundlich, ich bin klug.“ Positioniere diese Sätze so, dass du sie täglich lesen kannst, etwa in Form eines selbst gebastelten Kalenders, in deinen Terminkalender oder als Memo am Spiegel.

Tipp 3

Genieße deine Erfolge ohne Wenn und Aber! Freue dich darüber, wenn dein Kind nach dem Kindergeburtstag abends glücklich ins Bett sinkt, und versuche nicht zu analysieren, was noch hätte mehr sein sollen. Es war gut so, wie es war, und du hast es möglich gemacht!

Tipp 4

Behalte das Ziel im Auge! Jede größere Herausforderung erfordert eine Vielzahl an Teilaufgaben. Konzentriere dich auf das Wesentliche und verliere dich nicht Details! Eine beim Bäcker gekaufte Geburtstagstorte schmeckt genauso fantastisch wie eine selbst gebackene, und für dein Kind zählt: War Mama den ganzen Tag lang gestresst oder hat sie fröhlich mit uns gespielt?

Tipp 5

Löse dich vom MUSS deines Umfelds: Wenn deine Familie oder Freunde der Meinung sind, dieses oder jenes sei absolut notwendig, dann bezieht sich das auf ihr eigenes Lebensglück, nicht auf deines! Hinterfrage stets: Wessen Vorstellungen sind das? Teile ich sie? Ist mir vielleicht etwas ganz anderes wichtig?

Mein ganz persönlicher Tipp: Rechtfertige dich nicht immer für deine Entscheidungen. Wenn du zum Beispiel Besuch von Personen bekommst, die der Meinung sind, dass es nichts Wichtigeres auf der Welt gäbe, als seinen Kindern stets die neuste, teuerste Technik (Smartphone, Games, ferngesteuerte Lego-Technik etc.) zu kaufen und sie deshalb beide Vollzeit arbeiten, während du dir solche Dinge nicht leisten kannst, weil du „nur" Halbzeit arbeitest, um mit deinem Kind den Nachmittag im Park verbringen zu können, dann ist das deine Entscheidung und die ist in Ordnung! Du hast sie zum Wohl deines Kindes getroffen und musst sie nicht regelmäßig auf den Prüfstand stellen, auch nicht durch deine Freunde. Entweder sagst du es ihnen geradeheraus (mit dem Risiko, dass sie dann nicht mehr so oft kommen), oder du ziehst dir einen imaginären, dicken Mantel an, an dem solche Sprüche abprallen.

Tipp 6

Gestatte es dir selbst, Fehler zu machen. Ja, Irrtümer und Missgeschicke sind nicht schön, aber sie kommen nun einmal vor, bei jedem. Solange niemand zu Schaden kam, ist das doch nicht so schlimm, oder? Beim nächsten Mal machst du es besser!

Tipp 7

Vergleiche mit anderen sind erlaubt, aber bitte ohne rosarote Brille! Schau dir deine Freunde und Verwandten genau an: Machen sie wirklich alles perfekt? Findest du alles, was sie tun, goldrichtig? Sind da nicht auch einige Dinge, bei denen du sagst: Das hätte ich so nicht gemacht? Wer sind diese Menschen, dass sie ständig daherkommen und dein Leben verurteilen? Richtig – es sind Menschen. Und die sind nie perfekt.

Tipp 8

Lache! Amüsiere dich über dich selbst, wenn du dich wieder einmal dabei ertappst, es wie die Klassenbeste ganz ordentlich und am schönsten hinbekommen zu wollen. Oder lache leise in dich hinein, wenn sich dein Bruder vor dir aufbaut und mit seinen supertalentierten Kindern prahlt, die schon ihre erste Sinfonie komponiert oder ihren ersten Roboter mit sechs Jahren programmiert haben, aber immer noch anfangen zu heulen, wenn die Suppe zu heiß ist. Ehrlich, ist doch lustig, oder? Versuche, dich nicht aus der Ruhe bringen zu lassen und die witzigen Komponenten zu entdecken. Das fällt anfangs vielleicht noch schwer, aber schon beim zweiten oder dritten Mal kriegt man Übung!

<u>Bücher zum Weiterlesen:</u>

Michaela Lang, Oliver Fritsch: „Das Anti-Burnout-Buch. Die wirksamste Strategie zur Stressbewältigung." Mvg-Verlag. München 2012

Thomas Gordon: „Familienkonferenz“ (englischer Originaltitel: „Parent Effectiveness Training“). Hoffmann und Campe Verlag. Hamburg 1972, und die Fortsetzung: „Die neue Familienkonferenz: Kinder erziehen ohne zu strafen.“ Hoffmann und Campe. Hamburg 1993.

Paul Watzlawick: „Anleitung zum Unglücklichsein.“ 2. Auflage. Piper Verlag. München 1997.

6. Weg: Ich denke an alle und vergesse mich selbst – Raum und Zeit für mich gewinnen

„Auch die Pause gehört zur Musik.“

— Stefan Zweig

Wir haben nun schon eine Menge Gründe besprochen, warum der Mama-Alltag anstrengend ist: Es sind einfach viele Aufgaben, auch wenn man aussiebt und versucht, sich auf das Wesentliche zu beschränken. Nun könntest du dir ja sagen: Ich arbeite einfach eines nach dem anderen ab und setze mich dann abends auf die Couch und freue mich darüber, wie fleißig ich heute wieder gewesen bin. Das Genießen der abgeschlossenen Arbeiten ist gut. Aber zu einhundert Prozent wird das nicht funktionieren: Dein Kopf wird auf dem Sofa brummen, Tausend Dinge, die du noch machen musst, werden dir einfallen, die Anspannung der vielen Gefühle, die du an diesem Tag erlebt hast – Freude, Ärger, Frust, den deine

Kinder bei dir abgeladen haben – all das wird in dir herumwirbeln.

Das Mama Zeitmanagement

Um sich vor Erschöpfung und Überforderung im Alltag zu schützen, ist es wichtig, nicht nur große Pausen einzuplanen, sondern auch kleine. Erinnere dich an deine Schulzeit: Es gab die großen Hofpausen, in denen ihr auf den Schulhof gehen, Brote essen und spielen konntet. Aber dann gab es auch die kleinen Pausen, fünf bis zehn Minuten, die natürlich unter anderem dazu da waren, den Raum zu wechseln. Es gab sie aber auch, um das Lernen einmal zu unterbrechen, aus dem Fenster zu schauen, mit den Freunden zu plaudern, einen Schluck Wasser zu trinken – eben um eine kleine Pause zu machen. Das ist enorm wichtig! Du sagst, in deinem Alltag sei einfach kein Platz für kleine Pausen? Du hättest doch so viel zu tun, dass du nicht einmal ohne Pausen alles schaffen würdest?

Ja, das kommt mir bekannt vor. Genauso dachte ich auch. Aber eine gute Freundin sagte mir einmal einen tollen Satz, an den ich mich seitdem halte: Niemand außer dir selbst kann dir Pausen verschaffen. Oder, um es anders auszudrücken: Du MUSST kleine Pausen machen, weil du sonst irgendwann durchdrehst! Du bist keine Maschine, du bist ein Mensch, und der braucht Pausen. Und das Interessante daran ist: Mit kleinen Pausen schaffst du tatsächlich mehr, als wenn du durcharbeiten würdest! Das klingt absolut unlogisch, ist aber ein Fakt! In den Chefetagen großer und kleiner Firmen ist das schon lange ein wichtiges Thema: Besonders Selbstständige neigen dazu, kaum Pausen zu machen, weil sich die Arbeit stapelt und Termine drücken – der eigene Lohn ist ja abhängig davon, wie fleißig man ist. Burn-out unter Managern war lange ein Tabu-Thema, wird aber seit einigen Jahren zunehmend thematisiert: „(W)er zu lange am Stück arbeitet, der ist genervt, müde, ihm passieren Fehler. Eine kurze Erholung dagegen steigert die Produktivität und fördert die Kreativität", schreibt die Autorin Larissa Rehbock im Wirtschaftsmagazin „Impulse".[71] Auch ein Firmenchef hat eine Menge Verantwortung und viele Aufgaben, die oft keinen Aufschub vertragen, ohne dass das Geschäft darunter leiden würde – genau wie wir Mamas. Wenn die Elternsprechstunde oder die nächste ärztliche Vorsorge oder die Tanzstunde anstehen, gibt es nichts wegzulassen oder zu verschieben. Aber wir haben schon in den vorangegangenen Kapiteln über Zeitmanagement gesprochen. Lass uns dieses Thema noch einmal vertiefen: Am effektivsten ist es, einen Zeitplan zu erstellen: Schreibe eine Liste mit all deinen Aufgaben, die in der Woche anfallen, und trage ein, wie viel Zeit du dafür benötigst. Nun geht es an die Verwaltung dieser Zeit.

Tipp 1: Prioritäten setzen

Muss alles erledigt werden (heute, morgen oder wann)? Kann etwas weggelassen werden? Streiche so viel heraus wie möglich!

Tipp 2 „Batching"

Auf ihrem Blog „Kraftvoll Mama" überträgt Lena Franck diese Technik aus dem Management auf den Mama-Alltag. Es geht darum, Aufgaben zusammenzulegen, um Zeit zu sparen: Ein Wocheneinkauf statt täglicher kleiner Einkäufe spart Vorüberlegungen und Wege. E-Mails und Nachrichten bekommen einen oder zwei feste Zeitpunkte am Tag, um gelesen und beantwortet zu werden. Aufgeräumt wird zu festen Uhrzeiten und gemeinsam, nicht ständig zwischendurch von Mama allein. Vorräte an Glückwunschkarten, kleinen Geschenken, Briefmarken & Co. ersparen Rennereien in die Stadt.[72] Bestände an Grundnahrungsmitteln (Mehl, Zucker, Eier, Milch, Gries, Backpulver, Nudeln, Reis, Tomatenmark) und Snacks sorgen für Sicherheit, falls beim Wocheneinkauf doch einmal etwas vergessen wurde. Wege können effektiv genutzt werden: Briefe können auf dem Weg zur Kita/Schule eingeworfen, Brot kann beim Bäcker auf dem Nachhauseweg von der Arbeit gekauft werden.

Tipp 3: Bedürfnisse der Kinder auf Wichtigkeit und Erfüllbarkeit überprüfen

Der Psychologe Jesper Juul schreibt darüber: „Liebe allein hält die Familie nicht zusammen." Seiner Meinung nach bekämen viele Kinder ihre Wünsche zu schnell erfüllt, lernten daher nicht zu warten und hätten auch nie die Möglichkeit, sich auf etwas zu freuen.[73] Wenn also zum Beispiel dein Kind auf dem Nachhauseweg vom Spielplatz noch ein Eis essen möchte, es aber schon 18 Uhr ist, dann kannst du deinem Kind ruhig sagen, dass ihr ein andermal Eis esst und dass jetzt keine Zeit dafür ist.

Tipp 4: Betreuungszeiten für deine Pausen nutzen

Viele Mamas neigen dazu, nicht nur zu arbeiten, während ihre Kinder in der Schule oder der Kita sind, sondern auch Dinge wie Einkäufe, Putzen und Kochen zu erledigen. Das ist verständlich, denn nichts ist nervenaufreibender als ein permanent brüllendes oder sich langweilendes Kind, während du die Küche erst halb gewischt hast. Das Problem dabei ist, dass du, wenn dein Kind bei dir ist, kaum Zeit für effektive kleine Pausen hast: Sobald du dich mit einer Tasse Tee auf die Couch setzt, kommt es angewuselt, will auf deinen Schoß und wieder herunter, erzählt von seinen Erlebnissen in der Kita oder Schule oder möchte genau jetzt seine Ausbildung zum Schlagzeuger beginnen und hämmert wie verrückt mit seinen Bausteinen auf der Einrichtung herum. Das hat keinen Erholungswert für dich! Nutze also lieber die Betreuungszeiten, um Kraft zu tanken. Die Küche kannst du auch wischen, während dein Kind die Hausaufgaben macht oder im Kinderzimmer mit dem Lego spielt.

Tipp 5: Wunschlisten und Spontankäufe

Gerade solche Feste wie Weihnachten, Ostern oder Geburtstag bringen für uns Mamas einiges an Stress, da auf den alltäglichen Aufgabenberg noch zusätzliche Erledigungen obendrauf kommen: Geschenke besorgen, spezielles Essen planen und vorbereiten, dekorieren und vieles mehr. Mir ging es da manchmal so, dass mir vor lauter Stress keine Ideen mehr für Geschenke kamen, für meinen Mann, die Kinder oder auch für die Großeltern und Freunde. Daher schreibe ich Listen. Die liegen in meiner Schreibtischschublade, und immer, wenn mir etwas im Laufe des Jahres einfällt, schreibe ich es unter den Namen der betreffenden Person. Und dann ist es manchmal so, dass wir am Wochenende Ausflüge machen, zum Beispiel auf Stadtfeste. Wenn ich da etwas sehe, das zu dieser oder jener Person passen würde, kaufe ich es mittlerweile immer gleich. Früher dachte ich oft: Ja, hübsch, aber bis Weihnachten ist doch noch so viel Zeit. Und dann stand ich drei Tage vor Weihnachten da und hatte keine Geschenkidee. Daher mein Tipp: Nimm es mit, wenn du etwas siehst! Das spart enorm Zeit, die du sonst mit Nachdenken, Durch-die-Läden-irren oder Googeln verbringst!

Nachdem du nun deinen Zeitplan aufgestellt hast, kannst du schauen, an welchen Stellen Pausen – große und kleine – eingetragen werden können. Schreib sie dazu! Und nimm sie dir auch wirklich! Du wirst merken: Schon nach einem oder zwei Tagen fühlst du dich entspannter, die Nervosität lässt nach, du kannst dich wieder konzentrierter und eingehender um deine Kinder kümmern und empfindest mehr Freude an deinem Leben.

Wohltuende Pausen für Körper und Geist

Nur eines ist wichtig: Auch für die Pausen gibt es ein paar Tipps, damit sie auch wirklich erholsam sind:

Tipp 1

Pause bedeutet vor allem, dem Kopf freizugeben. Also: Smartphone weg, Tablet, Radio und Fernseher aus! Keine Informationsquellen bitte! Auch ein Telefonat ist keine Pause.

Tipp 2

Was erlaubt ist: Musik. Schon seit Urzeiten wird Musik nicht nur zur Unterhaltung, sondern auch zu medizinischen Zwecken eingesetzt: Die Schamanen der Ureinwohner Nordamerikas sind unter anderem Zeugen dieser Praxis. Musik wirkt sich entspannend auf die Psyche aus, sie bewirkt die Unterbrechung des Gedankenstroms und führt zu Glücksgefühlen und Calm-Down, egal, ob du „nur“ zuhörst oder selbst singst, flötest oder trommelst.[74]

Tipp 3

Auch Sport ist erlaubt. Gymnastikübungen, Yoga, ein kleiner Sprint um den Garten: Bewegung verschafft Abwechslung und unterbricht ebenfalls das Rattern im Kopf (siehe dazu auch im Kapitel „Stress“ die Überschrift „Ernährung und Sport“). Sport führt zu (Glücks)Hormonausschüttungen und entkrampft die Muskeln. Was NICHT dazugehört: Haushaltsaufgaben wie Staubsaugen, Wäsche aufhängen und ähnliche Tätigkeiten.

Das ist Arbeit, keine Pause, weil diese Tätigkeiten deine Pflichten sind. Zudem wird der Körper eher einseitig belastet und nicht von Kopf bis Fuß „durchbewegt“.

Tipp 4

An- und Entspannungsübungen: Mit dieser Art mentalem Training unterbrichst du das Gedanken-Geratter, indem du dich auf deinen Körper konzentrierst. Du setzt dich oder legst dich hin, schließt die Augen und spannst der Reihe nach alle Körperteile erst an, um sie dann zu entspannen. Ich mache das so: Für größere Pausen: Ich denke den Satz: „Ich fühle meine Füße“, spanne meine Füße an, warte drei Sekunden, und dann denke ich den Satz: „Ich entspanne meine Füße“ und lasse dabei die Füße wieder locker. Dann atme ich einmal tief ein und wieder aus. Das gleiche mache ich mit den Unterschenkeln, den Oberschenkeln, dem Becken, dem Bauch, der Brust, den Schultern, den Ober- und Unterarmen, den Händen, dem Hals, den Wangen und den Augen. Zum Schluss genieße ich für einen Augenblick den völlig entspannten Körper und stehe dann erfrischt wieder auf – oder schlafe ein, weil es abends 22 Uhr ist.

Für kleinere Pausen: Egal, wo ich gerade bin: im Büro, im Auto auf dem Parkplatz oder am Straßenrand, selbst auf der Toilette geht das oder auf dem Balkon: Ich schließe die Augen und spanne den ganzen Körper an, kneife auch die Augen zu und balle die Fäuste. All meine Anspannung, Angst oder Wut stelle ich mir wie einen Giftstrom vor, der durch meinen Körper fließt. Er fließt durch mich bis in meine geballten

Fäuste, dort sammelt es sich, die Faust wird immer dicker, dicker – und dann öffne ich sie und lasse alles heraus. Ich atme tief durch. Bei Bedarf hole ich die „Reste“ der Anspannung mit einem zweiten oder dritten Durchlauf aus mir heraus. Dann kann ich frei und erfrischt weitermachen.

Tipp 5

„Die achtsame Tasse Tee“: Wenn du deine Pause dazu nutzen möchtest, dir ein köstliches Heißgetränk einzuverleiben, dann beginne das Pause-Machen schon bei der Zubereitung: Lausche dem Geräusch des fließenden Wassers, wenn du den Wasserkocher füllst. Spüre, wie glatt und schön sich der Griff des Wasserkochers anfühlt. Öffne die Tee-, Kaffee- oder Kakaodose und atme tief ein. Lass den herrlichen Geruch einen Moment auf dich wirken. Lausche beim Aufgießen wieder dem Geräusch des plätschernden Wassers, das sich in deine Tasse ergießt. Schaue beim Umrühren auf die Kreise, die in deiner Tasse auf der Oberfläche des Getränks entstehen. Sind sie nicht schön? Und nun: Setz dich hin oder stell dich ans Fenster, in den Garten oder auf den Balkon. Genieße jeden Schluck, wie er vom Mund in deinen Hals rinnt und Wärme in deinem Bauch verbreitet. Schmecke das Aroma. Sieh dir den Dampf an, wie er aus der Tasse emporsteigt. Koste jeden Schluck aus, bis zum allerletzten.

„Nimm Dir Zeit. Ein Acker, der ausruhen konnte, liefert prächtige Ernte."

– Ovid

oder auch:

„Nichts bringt uns auf unserem Weg besser voran als eine Pause."

— Elizabeth Barrett Browning

7. Weg: Gute Laune auf Knopfdruck? Auch Mama darf mal wütend sein!

Positive und negative Gefühle

Kommen wir zum siebenten Punkt dieses Kapitels im Kampf gegen Mental Load, der mir aber besonders am Herzen liegt. Es geht um Gefühle, und zwar um ALLE Gefühle: positive und negative. Ich habe selbst die Erfahrung gemacht, dass schlechte Laune und Wut bei uns Mamas, aber auch bei den Papas und generell allen erwachsenen Vertrauenspersonen unsere Kinder erschreckt und verstört: Wenn Mama anfängt zu schreien oder zu wüten, fangen unsere Kinder an zu weinen, schreien auch vor Angst oder Wut, oder, wenn sie etwas sensibler sind, flüchten sie vielleicht sogar vor dir. Ich möchte an dieser Stelle nicht dafür plädieren, dass du deine Kinder bei jeder Kleinigkeit anbrüllst oder mit den Türen knallst, wenn dich die Wut packt. ABER: Wut und Traurigkeit gehören zu jedem Menschen dazu, genau wie Freude und Liebe. Wenn du also versuchst, mit deinem Kind immer lieb und geduldig zu sein, obwohl dir innerlich schon der Kragen platzt, ist das nicht gut, weder für dich und deinen Seelenhaushalt noch für dein Kind – oder deinen Partner, der die Wut dann später abkriegt, obwohl er gar nichts dafür kann. Jesper Juul sagt es so: Perfektion in der Erziehung sei unmöglich, und jemand, der immer nur nach Kompromissen suche und niemals „Nein", sagt, gehe Konflikten aus dem Weg „und hat einen negativen Einfluss auf sich selbst und auf die Gemeinschaft. Die Gemeinschaft wird von ihm oder ihr zu Kompromissen genötigt."[75]

Mit negativen Gefühlen umgehen

Die TV-Moderatorin und Meditationslehrerin Rebekah Borucki schreibt zu negativen Gefühlen in ihrem Buch „Happy Minutes", dass sie nicht meditiere, um Gefühle wie Angst oder Stress loszuwerden, sondern um sich selbst eine zuhörende Freundin zu sein: „Wenn wir negative Gefühle ins Unterbewusste verbannen, geben wir ihnen noch mehr Macht, als wenn wir sie ausdrücken."[76]

Andersherum ist es aber so, dass ein unkontrolliertes Ausleben der Gefühle auch Spuren an unseren Kindern hinterlässt. Sicherlich kennst du solche Szenen: Es ist morgens, du musst zur Arbeit und dein Kind soll sich die Jacke anziehen. Ihr habt es eilig, weil alles heute wieder einmal ewig gedauert hat: Dein Kind war müde und wollte nicht aufstehen, es wollte partout nicht die rote Hose anziehen, sondern sein lila Kleid, das aber in der Wäsche ist, und ihr habt lange vor dem Kleiderschrank verhandelt, bis endlich beide Seiten zufrieden waren. Beim Frühstück wollte es statt Toast und Marmelade, die auf dem Tisch standen, lieber Müsli und Milch, sodass du erst noch Milch, Müsli, Löffel und die Schale aus der Küche herbeischaffen musstest. Dann wollte es nicht auf die Toilette („Ich muss nicht!“), obwohl es schon auf seinem Stuhl hin- und herrutschte. Und dann saß es stundenlang vor seiner Müslischale und guckte Löcher in die Luft und musste von dir zu jedem Löffel einzeln überredet werden. Die ganze Zeit über bist du freundlich und verständnisvoll geblieben, obwohl es zunehmend in dir kochte. Und jetzt schmeißt dein Kind seine Jacke auf die Erde und schreit wie am Spieß, weil es den Reißverschluss nicht zubekommen hat und sich aber auf keinen Fall von dir helfen lassen will. Da läuft dein inneres Fass über: Du brüllst, dass du keine Lust auf dieses Affentheater an jedem Morgen hättest und dass es jetzt gefälligst SEINE GOTTVERDAMMTE JACKE ANZIEHEN SOLLE und dass es so ein Glück mit einer Mama hätte, die ihm erlaubt, seine Anziehsachen selbst auszusuchen und beim Frühstück jeden Wunsch von den Augen abgelesen zu bekommen und dass du froh gewesen wärst, so eine Mama gehabt zu haben … . Vielleicht rutschen dir in der Wut sogar Schimpfwörter heraus oder Beleidigungen. Verdenken kann es dir niemand – jeder Mensch hat seine Grenzen.

In beiden Verhaltensweisen – dem anfänglichen Gefühle-Unterdrücken und dem ungefilterten Ausrasten – zeigt sich jedoch ein Umgang mit Emotionen, der für deine Beziehungen und dein inneres Gleichgewicht grenzwertig ist. Du möchtest die liebevolle Mama sein, die mit ihrem Kind auf Augenhöhe redet und ihm Freiheiten zugesteht. Das ist gut. Aber dabei kommst du selbst zu kurz, weil du es nämlich eilig hast und jede langwierige Entscheidung deines Kindes dich immer mehr in Bedrängnis bringt. Das ist nicht gut. Schließlich bricht sich der angestaute Stress seine Bahn und entlädt sich als Wut über deinem Kind, das nun mit all diesen Beschimpfungen in seinem Herzen durch den Tag, vielleicht sogar durch das Leben gehen muss, wenn das häufiger vorkommt. Du weißt das und hast ein schlechtes Gewissen, versuchst, am nächsten Morgen dafür umso liebevoller zu sein – und gerätst in die gleiche Falle, weil zu dem ganzen Zeit-Stress nun auch noch dein persönlicher Druck dazu kommt, es doch nicht wie tags zuvor so eskalieren zu lassen. In ihrem Bestseller „Mama, nicht schreien!“ raten die Kommunikationstrainerin Jeannine Mik und die Familienberaterin Sandra Teml-Jetter: „Viele Konflikte und ‚Dramen‘ kommen gar nicht erst auf, wenn wir Eltern uns dazu entschieden haben, für uns selbst zu sorgen sowie liebevolle, achtsame Beziehungen zu führen, und immer wieder reflektieren, was uns wirklich wichtig ist.“[77] Das bedeute nicht, dass Wut nicht gestattet sei. Es gehe eher um die Frage, wie wir mit negativen Gefühlen umgehen: Vermeiden? Explodieren? Die negativen Gefühle des anderen ertragen und unsere eigenen verstecken? „Oder stellen wir uns ihnen, suchen nach Lösungen und machen das Beste daraus?“ Und dann kommt der für mich zentrale Satz: „Auch eine gelingende Beziehung bekommt mal ein paar

Schrammen ab, aber das gefährdet nicht gleich ihre Existenz, sondern gehört ganz einfach dazu."[78] Das bedeutet für dich: Wenn du einmal wütend auf dein Kind bist und es anschreist, bedeutet das nicht, dass du es nicht lieb hast.

Und umgekehrt ist es genauso: Wenn dein Kind wütend ist und dich anschreit, heißt das ebenfalls nicht, dass es Mama nicht mehr lieb hat – selbst dann nicht, wenn es in seiner Wut Sätze wie „Ich hasse dich" oder „Du bist die blödeste Mama der Welt" von sich gibt. Es tut sehr weh, so etwas zu hören – aber ganz ehrlich, sind dir deinem Kind gegenüber nicht auch schon Dinge herausgerutscht, die echt gemein waren? Das Liebhaben und das Wütend-Sein muss auf jeden Fall innerlich getrennt werden! Manche Streits sind wichtig: Da werden Fronten geklärt, du zeigst deinem Kind: Hier ist meine persönliche Grenze. Und auch dein Kind muss dir sagen dürfen: Nein, Mama, das will ich nicht. „Die Beziehung zu einem Kind ist keine Einbahnstraße", sagt Jesper Juul und meint damit: Du kannst deinem Kind nicht nur (Liebe und Fürsorge und Grenzen) geben, sondern musst auch annehmen, was es dir zu geben hat, im positiven wie im negativen Sinn.[79] Auch dein Kind hat Grenzen, es hat eine eigene Persönlichkeit und findet vielleicht Dinge, die dich nerven, überhaupt nicht schlimm, aber dafür anderes ganz schrecklich, was dir eher nicht so viel ausmacht. Und dass ihr euch von Herzen lieb habt, steht doch niemals wirklich zur Debatte, oder?

Konfliktsituationen mit den Kindern meistern

Wie findet man nun heraus aus der Implodierungs- oder Explodierungsfalle?

Und wie ist das mit der grundlegenden Genervtheit, die aufgrund von Schlafmangel, frühem Aufstehen oder ständigen Diskussionen entsteht?

Einige Punkte haben wir in den vorangegangenen Kapiteln schon angesprochen: Schlechte Laune, wenn sie denn oft vorkommt, kann durch gesunde Ernährung, Sport, Achtsamkeit, Meditation und Spaziergänge in der Natur eingedämmt werden. Es mag vielleicht banal klingen, aber tatsächlich hältst du die anstrengenden Anzieh-Verhandlungen oder Wutanfälle deines Kindes leichter aus, wenn du am Tag zuvor einen entspannten, 30-minütigen Waldspaziergang gemacht hast. Indem du auf dich und deine Gesundheit achtest, sorgst du erst einmal für dich selbst – du schaust, dass es dir grundlegend gut geht. Das ist wichtig, um „Explosionen" vorzubeugen.

Und dann habe ich noch einige Tipps für Konfliktsituationen, damit es nicht jedes Mal aus dem Ruder läuft und in Tränen, Geschrei und Schuldgefühlen endet:

Tipp 1: Sei das Vorbild

Wenn du dich niemals mit anderen streitest, dann sucht sich dein Kind andere Vorbilder für Konfliktsituationen, zum Beispiel im Fernsehen oder auf dem Schulhof, und da geht es nicht gerade zimperlich zu! Gegenbeispiel: Wenn dein Kind erlebt, wie Mama und Papa sich streiten, sich dabei aber durchbeleidigen, mit den Türen knallen oder den anderen nicht zu Wort kommen lassen, ist das ebenfalls ungünstig, weil dein Kind genau diese Verhaltensweisen übernehmen wird. Streitet euch, auch laut, aber möglichst nicht unter der Gürtellinie – und vertragt euch vor den Augen eures Kindes!

Tipp 2: Überprüfe weitere Einflüsse deines Kindes

Welche Serien schaut es sich im Fernsehen an? Wird da Gewalt verharmlost? Sprecht darüber, dass es im wahren Leben so nicht zugeht! Lass dein Kind nicht unkontrolliert fernsehen oder im Internet surfen, bis es mindestens 12 Jahre alt ist. Lass es am besten nur Sendungen schauen, die du auch kennst und in denen ein vernünftiger Umgang mit Konflikten zu sehen ist.[80]

Tipp 3: Welche Freunde hat dein Kind, und wie reagieren diese, wenn es haarig wird?

Auch das hat Einfluss auf sein Verhalten, denn die Orientierung an Gleichaltrigen wird besonders mit dem Schuleintritt enorm wichtig für dein Kind.[81] Dabei geht es nicht nur um Streit, sondern auch um solche Szenen wie die mit der Jacke – Kinder machen so etwas gern nach! Natürlich kannst du dein Kind nicht dauerhaft von dem Einfluss anderer fernhalten, aber du kannst zum Beispiel in der Freizeit dafür sorgen, dass es mit Kindern spielt, mit denen das Spiel harmonisch abläuft.

Tipp 4: Beuge Eskalationen vor, indem du feinfühlig mit dir selbst, aber auch mit deinem Kind umgehst

Wenn es dich zum Beispiel nervt, dass dein Kind morgens so lange braucht, weil es viel zu entscheiden gibt, dann sage es gleich und nicht erst, wenn das Fass am Überlaufen ist: „Wir haben leider keine Zeit, etwas anderes aus dem Schrank herauszusuchen. Wir können das gern heute Abend tun, dann kannst du entscheiden, was du anziehen möchtest. Aber jetzt geht es nicht." Mit dieser Art von Kompromiss zeigst du deinem Kind, dass du sein Problem ernst nimmst und ihm auch zubilligst, eigene Entscheidungen zu treffen – denn das ist es, was es möchte! Gleichzeitig machst du damit deutlich: Jetzt ist es aber nicht möglich! Und damit schützt du dich vor einer stressigen Situation.

Tipp 5: Habe keine Angst davor, deine Gefühle zu zeigen

Wenn du wirklich ärgerlich bist, dann sag auch das! „Es macht mich wütend, wenn ich morgens auf dich warten muss!" Das ist für ein Kind verständlicher als ein subtiles So-tun-als-ob und ein plötzlich folgender Wutausbruch.

Tipp 6: Vertragt euch schnell wieder

Ich weiß, gerade wir Frauen neigen dazu, noch länger innerlich zu grummeln, aber für ein Kind ist das ganz schwer auszuhalten! Viele Mamas neigen zu einem implodierenden Verhalten und „bestrafen" ihre Kinder mit Liebesentzug, indem sie zum Beispiel nicht mehr mit ihnen reden, sie nicht mehr drücken oder auf ihr Zimmer schicken. Ein Kind versteht so etwas nicht! Es wird sich allenfalls merken: Mama mag mich nicht. Mehr nicht.[82] Falls du einfach zu wütend bist, um dich gleich wieder mit deinem Kind zu versöhnen, dann widerstehe dem Drang des Links-liegen-lassens und sage ehrlich: „Ich brauche einen Moment meine Ruhe, weil ich mich immer noch ärgere." Sobald deine Wut verflogen ist, geh zu deinem Kind und sag ihm Bescheid: Jetzt könnt ihr euch wieder drücken. Es ist für dein Kind lebenswichtig zu wissen, dass Mama nicht mehr böse ist!

Tipp 7: Ich-Botschaften

Es war ja schon einige Male Thema, aber es kann nicht oft genug gesagt werden: Gerade, wenn man wütend ist, neigt man dazu, die Schuld beim anderen – und nur dort! – zu sehen. Konflikte haben aber IMMER zwei Seiten. Mik und Teml-Jetter beschreiben es so: Das Problem am Schimpfen sei oft nicht, dass es laut zugehe, sondern dass du dein Kind beschuldigst, an dem Streit allein schuld zu sein: „DU verhältst dich unmöglich!", oder „Was hast DU wieder angerichtet?!" Die Konsequenzen daraus sind das, was oft zur Eskalation führt – und im Nachhinein traurig macht: „Einerseits wertest du so dein Kind ab, machst es verantwortlich für deine Gefühle und tust ihm weh. Andererseits umschiffst du auf solche Weise gekonnt die Chance, dich selbst zu zeigen, von dir zu erzählen und somit auch (...) Verbindung erst zu ermöglichen."[83] Eine Lösung: Ich-Botschaften. Sprich mit deinem Kind darüber, was du magst und was du nicht magst. Sag ihm, was dich ärgert und was du dir wünschen würdest. Daraus können tolle Gespräche entstehen! Erzählt euch gegenseitig, wie es ist, wenn man sich ärgert, und wie schwer es manchmal ist, wieder gut miteinander zu sein. Aber auch, wie schön es ist, wieder miteinander „spielen" zu können, wenn man sich vertragen hat.

Tipp 8: Die „Ja-Umgebung"

Diese Idee gehört in den Bereich der (sinnvollen) Konfliktvermeidung. Vermeidung? Hieß es nicht gerade: Nichts mehr runterschlucken? Ja, das ist richtig. Aber manche Konflikte im Alltag, die Energie ziehen, kann man vermeiden, ohne dass es dabei gleich an die Substanz geht. Wenn du eine „Ja-Umgebung" für dein Kind schaffst, richtest du Haus, Hof und Garten so ein, dass sie möglichst wenige Gefahren bergen und für dein Kind ein freies Erkunden und Spielen möglich ist, ohne dass du ständig „Nein!" oder „Weg da!" brüllen musst.[84] Zum Beispiel schützt du Steckdosen mit Kindersicherungen. Du verstaust giftige Stoffe wie Reinigungsmittel oder Arzneimittel so, dass dein Kind nicht herankommt (Kleinkind) oder keinen Zugang dazu hat (abgeschlossene Schränke bei größeren Kindern). Du pflanzt in deinen Garten oder auf deinem Balkon nur essbare Blumen und ungiftige Bäume. Fenster in oberen Etagen schließt du mit Extra-Schlössern ab. Smartphones, Tablets und Co. bewahrst du so auf, dass dein Kind nicht herankommt. Eine Idee für Kleinkinder in der Erkundungsphase: Als meine Kinder klein waren, durften sie ein bestimmtes Fach im Schrank aus- und einräumen, nämlich das mit den Aufbewahrungsboxen – die sind bei uns aus Bambus und Metall und daher nicht zerbrechlich. Alle anderen Fächer waren tabu! Mit einer Ja-Umgebung verschaffst du deinem Kind Ruhe und die Freiheit, auf Forschungstour zu gehen. Dir selbst ersparst du das anstrengende Durchboxen des Wortes „Nein". Das bleibt dann auf die wichtigen Situationen beschränkt.

Tipp 9: Vermeide Doppelbotschaften

Ein Klassiker, den ich oft beobachtet habe: Eltern gehen mit ihren Kindern auf den Spielplatz und sagen: „Aber mach dich nicht schmutzig!" Das ist wie „Wasch dich, aber mach dich nicht nass!" Wie bitte soll das gehen? Keines der Spielgeräte ist so sauber wie eine gewischte Küche, überall ist Sand oder Kies, der im Sommer herrlich staubt und im Winter wunderbar matscht. Natürlich hast du keine Lust, ständig Wäsche zu waschen, aber ganz ehrlich: Ein Kind, das abends nicht schmutzig nach Hause geht, hat nicht richtig gespielt! Und du bringst dein Kind in eine Zwickmühle: Es soll spielen, aber darf nicht schmutzig werden. Was soll es denn jetzt tun? Das eine geht ohne das andere nicht. Und das bedeutet im Umkehrschluss: Egal, ob es sich für das Spielen oder für das Sauber-Bleiben entscheidet, in beiden Fällen ist es deinem Wunsch nicht nachgekommen, hat also etwas „falsch" gemacht. So etwas macht Kindern Angst und führt zu Konflikten.[85] Was du tun kannst: Überprüfe deine Erziehungsregeln auf solche Doppelböden! Und dann musst du dich für eines entscheiden – und daran festhalten. Auch

Unverbindlichkeit in den Regeln sorgt bei Kindern für Unruhe, Unsicherheit und Unausgeglichenheit, die zu häufigen Streits führen.[86] Aber so etwas kann man ändern – auch wenn das bedeutet, dass manches für dich erst einmal unbequemer zu sein scheint, weil auch du dich auf etwas festlegen musst. Aber langfristig bringt dir Eindeutigkeit in den Regeln mehr Ruhe und Entspannung, weil dein Kind weiß, was du von ihm erwartest, und damit selbst ruhig und gelassen ist.

Diese Tipps für den Umgang mit negativen Gefühlen kratzen nur an der Oberfläche. Vielleicht denkst du auch: Diese Tipps funktionieren bei uns nicht, das habe ich alles schon versucht. Mit Konflikten umzugehen ist eine Lebensaufgabe, finde ich. Es ist wirklich schwer, und das passende Rezept für jede Situation gibt es sicherlich nicht. Allerdings führen ungelöste Streits zu einem erheblichen Teil zu Mental Load: Gefühle wie Verletztheit, Traurigkeit, Ratlosigkeit und Kontrollverlust machen sich in dir breit und nagen an deiner guten Laune und deinem Selbstwertgefühl. Und das wollen wir ja loswerden! Also ist es wichtig, Streits zuzulassen – aber auch zu bearbeiten.

Und noch eines: Hab Geduld! Oft ist es so, dass sich bestimmte Verhaltensweisen – bei dir und auch bei deinem Kind – schon über einen längeren Zeitraum „eingeschlichen" haben. Wenn du dich jetzt daran machst, dein Verhalten zu ändern, kann das auf Anhieb funktionieren – oder bei deinem Kind Verwirrung stiften. Warum ist Mama plötzlich so anders? Warum redet sie ständig davon, was sie ärgert? Das hat sie doch früher nie getan! Habe ich etwas falsch gemacht? Sprich auch darüber mit deinem Kind, deiner Familie, deinem Partner! Beziehe sie in deine Veränderungen mit ein! Besprecht miteinander, was bis jetzt nicht gut lief und was ihr in Zukunft anders machen möchtet. Und gebt euch Zeit! Veränderungen brauchen oft Anlaufphasen und ein bisschen Training. Vielleicht klappt es auch nicht gleich so, wie du dir es wünschen würdest. Vielleicht fällt es dir doch schwerer, als du dachtest, deine Gefühle auszudrücken. Da kann ich dir nur sagen: Gib nicht auf! Es lohnt sich, das immer und immer wieder zu versuchen! Ich bin überzeugt: Je öfter du das machst, desto leichter wird es dir fallen. Und wenn die ersten positiven Reaktionen kommen, bin ich sicher, dass es dir schrittweise besser gehen und das permanente Gedankenchaos in deinem Kopf abnehmen wird.

Weitere Anregungen zu diesem Thema findest du wieder unten in der Bücherliste zum Weiterlesen.

„Es ist nicht die wahre Natur des Menschen, rastlos und unzufrieden zu sein."

– Tschuang-tse

Bücher zum Weiterlesen:

Gunter Kreutz: „Warum Singen glücklich macht." Psychosozial-Verlag. Gießen 2014.

Rebeka Borucki: „Happy Minutes. 4 Minuten, die dein Leben verändern." Aus dem Englischen übersetzt von Iris Halbritter. Integral Verlag. München 2017.

Jeannine Mik, Sandra Teml-Jetter: „Mama, nicht schreien! Liebevoll bleiben bei Stress, Wut und starken Gefühlen." 2019.

Nicola Schmidt: „Erziehen ohne Schimpfen: Alltagsstrategien für eine artgerechte Erziehung." Gräfe und Unzer Verlag. München 2019.

KAPITEL 4

Es geht uns alle an – Mental Load gemeinsam besiegen

„Um ein Kind großzuziehen, braucht es ein ganzes Dorf."

— Afrikanisches Sprichwort

In den vorangegangenen Kapiteln haben wir bereits über viele Ursachen von Mental Load gesprochen, und auch darüber, wie du gegen den Stress und das ständige Rattern in deinem Kopf vorgehen kannst.

Ein weiteres, generelles Problem von Mental Load klang im letzten Kapitel unter der Überschrift „Gute Laune auf Knopfdruck" zum Ende an: Dass es nämlich nicht ausschließlich an dir hängt, wie eurer Alltag sich gestaltet. Mental Load entsteht, weil wir Mamas – ob nun gefühlt oder tatsächlich – die alleinige Verantwortung für alles tragen, was mit dem Haushalt und der Familie zusammenhängt.

UND DAS GEHT NICHT.

Was sagt uns die Vergangenheit

In früheren Zeiten mag es so gewesen sein, weil die Aufgabenverteilung so war: Die Frau hatte sich um alles zu kümmern, was im Haus stattfand, und musste sich dafür nicht um die Beschaffung von Nahrung und Geld bemühen – das war die Aufgabe des Mannes. Spätestens ab dem Moment, wo die Frau die Nahrungs- und Geldbeschaffung in welchen Anteilen auch immer mit übernimmt, ist diese Aufgabenverteilung alles andere als vertretbar. Ganz egal, ob du einen Minijob hast, in Teilzeit arbeitest oder Vollzeit – du hast einen Anteil an der finanziellen Absicherung der Familie übernommen, mit allen Verantwortungen, die damit zusammenhängen. Folglich kannst du die Haus- und Kinderversorgung nicht mehr allein organisieren, das ist einfach zu viel.

Und selbst, wenn du dich dafür entschieden hast, nicht arbeiten zu gehen, kann das trotzdem zu Mental Load führen: In früheren Zeiten, als alle Mamas zu Hause bei den Kindern blieben, haben sie diese Aufgaben selten allein erledigt. Es gab Großeltern, die mit im Haushalt lebten und die sich oft zu einem großen Teil um die Kinder und das Kochen gekümmert haben. Daneben hatten viele Familien Haushaltshilfen, Kindermädchen, Gärtner oder Tagelöhner. Damals war zwar das Modell der alleinerziehenden Mutter nicht so verbreitet, aber auch früher gab es Frauen, die lange Zeit oder vollständig ohne einen Mann auskommen mussten. Das trat zum Beispiel ein, wenn der Ehemann jung verstorben war oder beruflich lange Zeit nicht zu Hause sein konnte, weil er Seefahrer oder Kaufmann war. Aber auch diese Frauen, und waren sie noch so arm, mussten sich in den seltensten Fällen allein um ihre Kinder kümmern. Und wenn es die Großmutter, eine unverheiratete Tante oder Schwester war oder eine Haushaltshilfe, die für Kost und Logis arbeitete – es wurden immer alle Hebel in Bewegung gesetzt, um Lösungen zu finden, damit die Frau mit den Kindern nicht allein war.

Erst mit den Idealen der Kernfamilie ab den 1950er-Jahren verschwanden all diese helfenden Menschen – und natürlich auch mit dem technischen Fortschritt, der die elektrische Waschmaschine, den Geschirrspüler, den Staubsauger und vieles mehr hervorbrachte. Mit diesen Hilfsgeräten wurde die Hausarbeit enorm vereinfacht, so dass nicht mehr so viele Personen benötigt wurden, die mithalfen.[87] So blieben die Mamas mehr und mehr allein – und das ist nicht gut, auch, wenn der technische Fortschritt Erleichterung gebracht hat. Die Verantwortung bleibt ja weiterhin bei dir. Es ist und bleibt so, dass du als Mama nicht für alles rund um eure Kinder und den Haushalt verantwortlich sein kannst, auch dann, nein, ganz besonders dann nicht, wenn du und dein Partner euch getrennt habt. Und du bist nicht allein! Jede Mama hat Freunde, Verwandte, Nachbarn und ErzieherInnen, die ihr zur Seite stehen. Und wenn dieses soziale Netzwerk nicht hilfreich ist, dann wird es höchste Zeit, dass wir es aktivieren!

Hier kommen meine Vorschläge, was du tun kannst, um dein Mental Load gemeinsam mit deinem Umfeld zu überwinden:

Mit dem Partner sprechen – aber wie?

Ganz gleich, ob dein Partner in deinem Haushalt lebt oder nicht – es sind eure Kinder, und die Verantwortung liegt bei euch beiden. Wenn er argumentiert, er würde dir doch „helfen", dann ist das nicht die richtige Einstellung, weil es beinhaltet, dass du die Hauptverantwortliche bist (siehe Kapitel 2). Unumgänglich ist also wieder die legendäre Aufgaben-Liste. Schon allein solch eine Aufstellung macht oft deutlich, dass ein Partner mehr übernimmt als der andere. Aber das allein genügt in den häufigsten Fällen nicht, besonders, wenn dann Argumente wie „Ich arbeite aber mehr als du" ins Feld geführt werden. Dazu ist zu bemerken: Das Organisieren einer Aufgabe kann sehr unterschiedlich ausfallen.

Nehmen wir als Beispiel das Auswechseln einer Glühbirne und das Besorgen eines kleinen Geburtstagsgeschenks für die Kindergartenfreundin. Geht doch beides schnell, oder? Nun ja, das Auswechseln der Glühbirne schon, vor allem, wenn man es nicht zum ersten Mal macht: Leiter geholt, Strom abgestellt, alte Glühbirne ausgeschraubt, neue Birne eingesetzt, Leiter wieder weggestellt, fertig. Oh, es war keine Glühbirne mehr da? Dann schnell noch in die Drogerie gelaufen oder zum Baumarkt und eine besorgt. Ich sage mal: Im Normalfall eine Sache von 10 (Glühbirne ist vorrätig) bis maximal 30 (Glühbirne muss noch gekauft werden) Minuten.

Und das Kindergeschenk? Erst einmal Erkundigungen eingezogen, Töchterchen befragt: Was mag denn deine Freundin? Oder die Mama angeschrieben: Bastelt, malt oder rätselt dein Kind gern? Dann auf in den Spielzeugladen: Gibt es hier das Gewünschte? Reicht das? Vielleicht noch ein paar Buntstifte dazu, oder etwas Süßes? Packt die Verkäuferin mir das ein oder muss ich das selbst machen? Haben wir noch Geschenkpapier zu Hause? Und Geschenkband? Möchte mein Kind noch ein Bild dazu malen? Ich sage mal, all inklusive zwei bis drei Stunden, bis das Geschenk tatsächlich fix und fertig zum Mitnehmen bereit liegt.

Ach, dein Mann sagt, du sollst „nicht immer so einen Aufriss machen"? Er würde „einfach in den Laden gehen und etwas Nettes kaufen und fertig"? Ausgezeichnet! Patricia Cammarata schlägt für solche Fälle die wohl einzig wirksame Wunderwaffe vor: Tauscht doch einmal die Aufgaben! Das führt zwar im ersten Moment nicht zur Entlastung, aber zu dem Gefühl der Anerkennung, was der jeweilige Partner leistet.[88] Ich denke, Sprüche wie die oben genannten haben sich dann erledigt.

Also: Schreibt eure Liste mit Zeitangaben und teilt sie euch auf.

Hier noch einige Tipps dazu:

Tipp 1: Nicht einer wählt aus und der andere macht den Rest (auf den eigentlich keiner von beiden Lust hat)

Das ist eine Erfahrung, die ich machen musste: Mein Mann tendierte dazu, nach der Arbeit in unser Familienchaos zu kommen und dann erst einmal die Küche aufzuräumen, zu kochen oder einkaufen zu gehen. Toller Typ, oder? Nein, fand ich nicht! Ich finde nämlich die abendliche Essen-und-Zubettgeh-Zeremonie mit den Kindern echt energieraubend, während das Kochen für mich eine eher entspannende Tätigkeit ist. Auf die Nachfrage, ob ich heute Abend einmal kochen dürfe und er dafür die Kinder wasche und mit ihnen die Zähne putze (was bei uns selten ohne Protest und Geschrei meiner müden Kinder abläuft), war seine Antwort: „Was soll ich denn noch alles machen?“ So geht es nicht! Es kann sich nicht einer die „Rosinen“ herauspicken, während der andere „alles andere“ erledigen muss. Es sollten für beide Aufgaben dabei sein, die sie gern machen. Dass nicht alles Spaß macht, ist klar! Aber wenn du gern Löcher bohrst und dafür Schuhe kaufen absolut furchtbar findest, kann das doch so aufgeteilt werden: Dann bist du die Frau mit dem Akkuschrauber und dein Partner der beauftragte Schuhe-Käufer! Und für eure Kinder wird deutlich: Es gibt keine Männer- und Frauenaufgaben, sondern jeder tut das, was er kann.

Tipp 2: „Let it go“

Ein häufig bei der Aufgabenverteilung auftretendes Problem ist die Unzufriedenheit des jeweils anderen mit der Ausführung der Aufgabe.[89] Dazu gehört zum Beispiel die

Klage, dass der Partner beim Einkauf andere als die gewünschten Produkte gekauft habe oder „immer die Hälfte vergisst". Auch ich gehörte zeitweise zu diesen „Nörglerinnen". Mein Partner konterte irgendwann mit immer dem gleichen Satz: „Dann mach es doch selbst!" Nun ja, was soll ich sagen – er hat Recht. Ja, ich bin verrückt nach meinem Landliebe-Pudding, und der billige von der Hausmarke des Supermarktes schmeckt mir nicht ansatzweise so gut. Aber verhungere ich deshalb? Nein. Oder: Meine Schwiegermutter hat für unseren Sohn eine Feuerwehrmann-Sam-Mütze gekauft. Ich HASSE Klamotten mit Trickfilmfiguren darauf! Potthässlich! Aber die Mütze passt und mein Kleiner ist total glücklich – was will man mehr? Mein Tipp also: Lass die Aufgaben los! Auch, wenn dir manche Details nicht passen oder dein Kind drei Tage lang mit dem Pullover auf links herumläuft – jede Arbeit braucht Routine, und jeder von uns erledigt Aufgaben ein wenig anders. Und die Sache hat von Zeit zu Zeit etwas Gutes: Vor kurzem kam mein Mann mit einem Flyer für einen Kinderflohmarkt vom Einkauf nach Hause. Der hing an der Pinnwand bei Edeka, erzählte er. Da gucke ich nie hin! Großartig!

Tipp 3: Mama UND Papa sind die Ansprechpartner![90]

Ich weiß natürlich nicht, was eure Liste ergeben wird, aber bei uns war es so, dass ich als Mama an fast jeder offiziellen Stelle als erste Ansprechpartnerin vermerkt war: Meine Nummern standen in der Notfallkarte der Schule, meine E-

Mail-Adresse war im Verteiler der Kita hinterlegt, die Abrechnungen für das Essen von Schule und Kita landeten bei mir, und auch die Kinderärztin hatte nur meine Nummer. Auch solche Verantwortlichkeiten sollten gerecht aufgeteilt werden! Können die Cateringfirmen ihre Abrechnungen nicht zum Papa schicken? Kann die Kinderärztin nicht auch den Papa anrufen? Viele Mamas sagen bei solchen Vereinbarungen: „Das könnten wir schon so machen, aber der Papa weiß doch meistens gar nicht, worum es geht." Na, dann wird es höchste Zeit, dass er ins Bild gesetzt wird! Auch dies ist wieder ein Fall von Mental Load: Die Telefonnummer zu hinterlegen reicht natürlich nicht aus. Der Papa sollte den ganzen Verantwortungsbereich übernehmen oder mittragen. Gerade beim Thema Kinderarzt muss ich sagen, dass es am besten ist, sich solch eine Aufgabe zu teilen. Keiner kann allein für die ganze medizinische Versorgung des Kindes zuständig sein. Das geht schon meistens logistisch wegen der vielen Termine zu Untersuchungen, Impfungen und den tatsächlichen Krankheitsfällen nicht. Manche Dinge solltet ihr einfach gut miteinander absprechen: Derjenige, der die Untersuchung mit dem Kind besucht, berichtet abends dem anderen, was der Arzt gesagt hat. So sind immer beide Partner up to date, und Sätze wie „Das weiß ich nicht, das müssen Sie meine Frau fragen" gehören endlich der Vergangenheit an.

Tipp 4: Faires Streiten

Sicherlich wird das Auflisten und Aufteilen der Pflichten in Haus und Hof nicht ganz einfach ablaufen, und auch – oder gerade, wenn – die Fakten auf dem Tisch liegen, kann es zum Streit kommen. Daher habe ich noch einige Hinweise, wie du die Diskussion um das Mental Load in eurer Partnerschaft möglichst konstruktiv halten kannst.[91]

Nr. 1

Versuche, beim Thema bleiben. Sicherlich ist in der Vergangenheit einiges vorgefallen, was du ungerecht, vielleicht auch verletzend fandest – deshalb sitzt ihr ja hier. Aber es bringt euch nicht vorwärts, alles auf einmal auf den Tisch zu packen! Jetzt wird erst einmal die Liste verteilt – alles andere kann auch ein andermal besprochen werden.

Nr. 2

Vermeide Verallgemeinerungen: „NIE hörst du mir zu", „IMMER muss ich alles entscheiden". Auch hier plädiere ich für die schon einige Male erwähnten Ich-Botschaften: „ICH habe das Gefühl, dass du mir manchmal nicht richtig zuhörst", oder „ICH ärgere mich, wenn du mich oft Dinge fragst, weil ich dann den Eindruck habe, dass ich so vieles entscheiden muss". Allgemeine Aussagen entsprechen deinem Gefühl – das ist immer so, deswegen ärgert es dich – sie entsprechen aber nicht der Wahrheit. Wenn dein Partner dir NIE zuhören würde, dann würde er jetzt nicht hier mit dir am Tisch sitzen.

Nr. 3

Redet respektvoll miteinander: Ja, bei einem Streit kann es hitzig werden, aber versucht, nicht ausfallend zu sein, ironisch zu werden oder den Partner durch Auslachen herabzusetzen. Das schafft nur Frust und kann die Diskussion schnell beenden.

Nr. 4

Beruft euch nicht auf andere: „Meine Mutter hat auch schon gesagt, dass du ruhig einmal den Kinderwagen schieben könntest." Oder: „Meine Freundin findet, du könntest mich im Haushalt mehr entlasten." Solche Aussagen mögen zwar wahr sein, drängen deinen Partner aber in die Ecke: Was soll er darauf denn noch sagen? Außerdem wird es ihn höchstwahrscheinlich verärgern, wenn du auf diese Art offen zugibst, dass du deine Probleme mit ihm vor anderen ausbreitest. Und ganz ehrlich: Das Problem könnt nur ihr beide lösen. Eltern oder Freunde dürfen gern beraten, aber sollten keine Entscheidungsmacht über eure Partnerschaft haben.

Nr. 5

Entschuldigt euch: Falls es doch laut oder beleidigend wurde, ist das Wort „Entschuldigung" auf jeden Fall angebracht, sobald ihr euch wieder beruhigt habt.

Ein paar Worte zu Freunden und Verwandten

„Wahre Freundschaft kommt am besten zur Geltung, wenn es ringsumher dunkel wird."

– Flämisches Sprichwort

Oma- und Opa-Tage

Es ist schön, wenn die Großeltern ab und an mithelfen – auch das entlastet uns Mamas. Für die Bekämpfung von Mental Load ist es gut, in diese Beziehungen Regelmäßigkeiten hineinzubringen. Dann muss nicht so viel geplant und überlegt werden. Ein regelmäßiger Nachmittag mit den Großeltern, ein Wochenende oder die Ferien bieten sich dafür an. So kannst du vielleicht verabreden, dass dein(e) Kind(er) in jeden Winterferien zu Oma und Opa fahren. Oder dass immer der letzte Freitag im Monat ein Oma-Opa-Nachmittag ist, an dem die Großeltern die Kinder abholen und bis zum Abendessen betreuen. Für dein(e) Kind(er) ist das ein tolles Abenteuer und für dich freie Zeit! Und auch für die Großeltern ist es bestimmt wunderbar, sich zu festen Zeiten auf ihre kleinen Enkel freuen zu können. Und du kannst auf diese Art dein Mental Load weiter abbauen – das ist eine Win-win-Situation!

Schließt euch zusammen

Dieses Buch würde nicht existieren, wenn du die Einzige wärst, die unter dem Problem Mental Load leidet. Wenn du also in deine Freundesliste oder auf deine Familie schaust nach diejenigen, die selbst Kinder haben, dann kannst du wohl in den meisten Fällen davon ausgehen, dass es deinen Freunden und Geschwistern ähnlich geht wie dir.

Deshalb: Schließt euch zusammen! Unterstützt euch, wo ihr könnt!

Hier sind einige Ideen, wie sich Freunde und Geschwister mit Kindern gegenseitig entlasten können:

Tipp 1: Verabredet unkomplizierte Spielnachmittage

Trefft euch, lasst eure Kinder zusammen spielen und nutzt die Zeit zum Plaudern. Stresst euch nicht mit stundenlangem Kuchenbacken oder Putzen! Ein Freund sagte einmal zu mir: „Es ist schön zu euch zu kommen, bei euch sieht es nach Familie aus – wie bei uns." Ich liebe ihn für diesen Satz! Er hat mich so erleichtert! Meine Maxime ist immer: Bad und Küche sollten einigermaßen vorzeigbar sein, damit sich die Gäste auch wohlfühlen. Alles andere darf ruhig „nach Familie" aussehen. Und: Ein Bäcker ist ein wahrer Fachmann im Kuchenbacken! Und welches Kind sagt schon nein zu Streuselschnecke und Spritzkuchen?

Tipp 2: Nehmt euch gegenseitig die Kinder ab

Als ich Grundschulkind war, bin ich fast jeden Nachmittag mit dem Fahrrad zu meiner Freundin zum Spielen gefahren. Oder meine Freundin kam zu mir. Ich fand das toll! Also: Verschafft euch gegenseitig freie Stunden, indem einer die Kinder aller zu sich nimmt oder mit ihnen auf den Spielplatz geht. Dann kann der andere durchatmen, und beim nächsten Mal wird getauscht. Und keine Angst vor der Verantwortung: Bei einem Kindergeburtstag passt du ja auch auf andere Kinder auf, oder?

Tipp 3: Verabredet einen Notfallplan

Im Familienalltag kommt es immer wieder zu unvorhergesehenen Schwierigkeiten: Ein Kind hatte einen Unfall und muss ins Krankenhaus, aber Kind zwei muss genau jetzt abgeholt werden. Oder du selbst hattest einen Unfall oder bist krank geworden und nichts geht mehr. Was tun? Triff mit deinen Freunden, den Großeltern oder mit anderen Verwandten Vorkehrungen: Wenn es einmal eng wird, darf dein Kind mit seiner/m KlassenkameradIn oder Cousin und Cousine nach Hause gehen, und du holst es ab, sobald du kannst. Oder Opa ist auf Abruf verfügbar und kommt. Oder dein (kinderloser oder Kinder-habender) Bruder ist am Start. Auch ein Arbeitsplatz kann solch ein Anker sein: Darf das Kind zum Papa auf die Arbeit kommen, wenn etwas sein sollte? Wer auch immer sich bereit erklärt – es reduziert dein Mental Load, ganz einfach, weil du dich um schwierige Situationen nicht mehr alleine sorgen musst. Alles ist für den Notfall geregelt, und du kannst dieses Thema innerlich abhaken.

Tipp 4: Tauscht euch aus

Ich habe Menschen erlebt, die Urlaubsorte und Kuchenrezepte hüten wie ein Staatsgeheimnis. Sicherlich ist man gelegentlich stolz, wenn man etwas besonders Schönes herausgefunden hat, und möchte es gern für sich behalten. Aber für die Erleichterung der Familien-Organisation ist Austausch mit anderen das A und O: Setzt du dich jedes Jahr vor deinen PC und durchforstest tagelang Websites auf der Suche nach familienfreundlichen Urlaubsorten und Unterkünften? Oder fragst du nicht vielleicht besser deine Freunde, wo sie ihre Ferien verbracht haben, ob es gut war und ob sie dir die Adresse von der Ferienunterkunft geben würden? Letzteres spart Zeit und Nerven – und festigt auch eure Freundschaft, denn für deine Freunde fühlt es sich schön an, wenn sie dir weiterhelfen können. Und du kannst ihnen ja dafür beim nächsten Mal mit Rat und Tat zur Seite stehen.

Unterstützung – auch in der Ferne

Auch Freunde oder Verwandte, die nicht vor Ort, sondern Hunderte Kilometer weit weg wohnen, können in manchen Situationen helfen. Ein Beispiel: Mein Kind war krank und ich hatte meinem Arbeitgeber versprochen, ein wenig Arbeit im Home Office zu erledigen. Ich kann aber schlecht arbeiten, wenn mein Kind alle fünf Minuten nach Tee oder Zwieback ruft oder eine Geschichte vorgelesen bekommen möchte, weil ihm langweilig ist. Und es stundenlang vor dem Fernseher abzustellen fand ich auch nicht so toll, zumal es eine ganze Woche lang krankgeschrieben war. Also verabredete ich mit der Oma, sie solle jeden Tag um 9 Uhr anrufen und meinem Kind etwas vorlesen – so, wie ich es getan hätte, wenn ich nicht hätte arbeiten müssen. Zuerst haben wir es mit nur einer halben Stunde versucht – genug Zeit, um wenigstens ein paar E-Mails zu beantworten. Tatsächlich wurden schon beim ersten Anruf aus 30 Minuten zwei Stunden. „Sie wollte immer noch eine Geschichte", sagte meine Mutter hinterher. Es funktionierte, die ganze Woche lang! Mein Kind war glücklich über seine Oma-Anrufe, die Oma selbst hatte auch Spaß, mein Arbeitgeber erst einmal – und damit natürlich auch ich. Und was stehen uns nicht alles für Möglichkeiten zur Verfügung: Telefon, Skype, Videoanruf über WhatsApp – Oma und Opa, Tante Andrea oder Onkel Thomas sind oft nur einen Klick entfernt und freuen sich, wenn sie helfen können. Nutze auch diese Möglichkeiten! Natürlich wäre es in meinem Fall besser gewesen, zu meinem Arbeitgeber „Nein" zu sagen – Home Office mit einem kranken Kind ist eine Zumutung, finde ich. Aber manchmal ist es einfach schwer, nein zu sagen, und da ist ein Kompromiss für alle Seiten das Beste. Und dafür können wir jede Art von Medien und Kanälen nutzen, die uns – dem Himmel sei Dank! – heutzutage geboten werden. Technik wird in der Wirtschaft schon lange eingesetzt, um effizient zu arbeiten und neue Möglichkeiten auszuprobieren. Wir Mamas können das auch nutzen!

Manchmal muss es ein Abschied sein

Durch die Schnelllebigkeit und Mobilität unserer Zeit ist es leider so, dass es schwer geworden ist, lebenslange Freundschaften aufzubauen und erhalten: Nicht nur räumliche Entfernungen trennen uns von unseren Freunden aus Schultagen oder der Berufsausbildung. Manchmal sind es auch Entwicklungen, zum Beispiel durch einen Berufswechsel – oder durch ein Kind und unterschiedliche Auffassungen darüber, wie man in der Erziehung vorgehen sollte. Dann kann es an der Zeit sein sich zu fragen: Tut mir diese Freundschaft (noch) gut? Macht es mich froh, wenn wir uns treffen, oder fühle ich mich hinterher vielmehr bedrückt, schlecht gelaunt, unzufrieden?[92] Auch belastende Freundschaften sind eine Ursache für Mental Load, weil du dich zusätzlich zu deinen Pflichten als Mama gedanklich damit herumschlägst, warum die Freundschaft nicht mehr funktioniert und was du verbessern könntest. Oder die Freundschaft hindert dich einfach in deiner seltenen und daher wertvollen Zeit, dich zu entspannen und abzuschalten, weil du sie mit einer Person verbringst, die dich eigentlich eher stresst. Menschen verändern sich, und problematisch wird es, wenn eine Freundin sich verändert und du sie aber so haben möchtest, wie sie vorher war – oder du vielleicht auch ein wenig neidisch bist, weil sie sich die Veränderung getraut hat und du nicht.[93] Und andersherum ist es natürlich genauso, wenn DU diejenige bist, die sich verändert: Auch deine Freundin kann das blöd finden, neidisch werden oder dir permanent Vorhaltungen machen, dass es doch „früher so schön war mit euch beiden". Wenn so etwas eintritt, ist es manchmal besser, sich von einer Freundin oder einem Freund zu verabschieden. Das muss nicht in jedem Fall für immer sein. Vielleicht passen eure Lebensentwürfe nur gerade jetzt nicht zusammen, weil euch unterschiedliche Dinge wichtig sind, und in 20 Jahren sieht das schon wieder ganz anders aus.

Aber gelegentlich kommt in stressigen Lebenslagen auch genau das ans Tageslicht, was eigentlich schon lange schwelt und nur nicht so sehr ins Gewicht fiel wie jetzt. Die Journalistin Julia Anton schrieb darüber in der Frankfurter Allgemeinen Zeitung (FAZ): „Es gab keinen großen Streit oder so, kein spezielles Ereignis, was zum Zerwürfnis geführt hat. Doch nach Ende der Schulzeit, wir studierten unterschiedliche Fächer an unterschiedlichen Orten, wurden unsere Gespräche anstrengender. Über die Probleme, von denen sie mir erzählte, konnte ich nur den Kopf schütteln."[94] Solche Freundschaften führen auch zu Mental Load. Da ist ein innerlicher Abschied vielleicht schmerzhaft, aber effektiver, als weiterhin Zeit und Nerven dafür aufzuwenden.

Baue einen Bekanntenkreis auf und nutze soziale Angebote

Hier gibt es viele Möglichkeiten: Ob du dich mit deinen Nachbarn kurzschließt, die Angebote für Kinder und Mamas in deiner Kirchengemeinde checkst, nach Freizeitangeboten in Jugendklubs und Kinderhäusern zum Beispiel der AWO schaust oder auf dem Spielplatz freundschaftliche Bande knüpfst. Selbst in den winzigsten Dörfern und in den verschlafensten Kleinstädten gibt es gerade für Kinder oft einige Angebote, bei denen wir Mamas soziale Kontakte knüpfen oder unser Kind für eine oder zwei Stunden aus der Hand geben können, ohne uns Sorgen machen zu müssen. Und wenn du schüchtern bist und Schwierigkeiten hast, an andere Mütter heranzutreten, denk immer daran: Das sind auch Mamas, denen geht es tendenziell genau wie dir! Wer würde sich da nicht freuen, die Bekanntschaft mit einer anderen Mama zu machen, die in der Nachbarschaft wohnt und vielleicht einmal auf dein eines Kind aufpasst, wenn du mit dem anderen zur Notfallambulanz musst? Soziale Kontakte bedeuten Sicherheit, und Sicherheit bedeutet weniger Mental Load!

Hier habe ich einige Adressen für dich, wo du schnell und unkompliziert in Kontakt mit deinem direkten Umfeld treten kannst:

Nachbarschaft:

Auf www.nebenan.de geht es zwanglos und unkompliziert zu: Du meldest dich mit deinem Namen und einem Passwort an, und schon siehst du, wer in deiner Nachbarschaft auch gemeldet ist, welche Veranstaltungen wann und wo stattfinden und vieles mehr. Es gibt einen „Marktplatz", wo Sachen zum Tausch oder für einen kleinen Obolus angeboten werden. Und damit ist nicht nur Materielles gemeint, sondern auch Nachbarschaftshilfen wie Rasenmähen oder die neue Spülmaschine zu montieren. Manche verschenken Lebensmittel, etwa Äpfel, wenn die Ernte übermäßig war. Andere bieten Nachhilfeunterricht an. Auch so lernt man Menschen kennen und bekommt einfach und schnell Unterstützung im Alltag.

Soziale Freizeiteinrichtungen:

Die Arbeiterwohlfahrt leistet in Deutschland einen großen sozialen Beitrag in der Kinderarbeit: Offene Häuser und Klubs laden Kinder und Jugendliche ein, ihre Freizeit mit Gleichaltrigen unter der Aufsicht von Sozialpädagogen zu verbringen. Meistens gibt es Räume mit Spielen, Tischtennis und Couchecken zum gemeinsamen „Herumhängen" und einen Außenbereich zum Toben oder Bolzen, manchmal auch einem Spielplatz. Veranstaltungen wie Adventsbasteln oder Ferienkurse werden oft angeboten. Unter www.awo.org findest du deine Freizeiteinrichtungen vor Ort, wo du deine Kinder in guter Obhut weißt und somit mehr Zeit für dich selbst findest.

Auch das Deutsche Rote Kreuz ist in der sozialen Kinder- und Jugendarbeit tätig und unterhält zudem Beratungsstellen, wo du als Mama bei Erziehungsschwierigkeiten kompetente Hilfe findest. Unter www.drk.de findest du deine Ansprechpartner und Sozialarbeiter vor Ort, mit denen du in Kontakt treten kannst.

<u>Angebote der Kirchen:</u>

Du musst in den meisten Fällen nicht kirchlich oder gläubig sein, wenn du an den Freizeitaktivitäten der Kirchen teilnehmen möchtest. Was du in vielen Gemeinden aber findest, ist Gemeinschaft: Menschen, die sich kennen und gegenseitig füreinander da sind. Es gibt regelmäßige Veranstaltungen wie Christenlehre, Kinderkirche oder Chöre, an denen dein Kind kostenlos teilnehmen kann. Viele Gemeinden bieten Mama-Treffen, Krabbelgruppen und Ähnliches an, wo du dich mit anderen Mamas austauschen kannst. Es gibt aber auch Gemeindenachmittage, an denen es zwanglos zugeht und wo du bei einer Tasse Tee vielleicht genau die alte Dame kennenlernst, die zu Hause einsam ist und sich freuen würde, ab und an einem kleinen Mädchen oder einem kleinen Jungen bei den Hausaufgaben helfen zu können. Auch von den kirchlichen Wohlfahrtsvereinen gibt es entlastende Angebote für Familien, zum Beispiel Jugendklubs und Häuser der offenen Tür, wo die Kinder sich nachmittags aufhalten können und dabei von Fachkräften beaufsichtigt werden, oder auch Hausaufgabengruppen oder Familienferienstätten. Über die jeweiligen Angebote der Gemeinden und der Wohlfahrtsverbände in deinem Ort informierst du dich am besten über:

www.ekd.de (Hauptseite der Evangelischen Kirche Deutschland)

www.katholisch.de (Hauptseite der Katholischen Kirche Deutschland)

www.caritas.de (Wohlfahrtsverein der römisch-katholischen Kirche)

www.diakonie.de (Wohlfahrtsverein der deutschen evangelischen Kirchen und vieler Freikirchen)

All diese Angebote bringen dich und auch deine Kinder in Kontakt mit wunderbaren Menschen, mit denen ihr euch als Familie kurzschließen könnt. Auch Beratung in schwierigen Situationen findest du dort sowie tolle Leute, die für deine Kinder zu wertvollen Bezugspersonen werden können. Auch auf diese Art liegt die Verantwortung nicht mehr allein bei dir, und du kannst wertvolle Zeit für dich und deine Pausen gewinnen.

Gemeinsam stark gegen Mental Load!

KAPITEL 5

Wie sich unser Mama-Alltag verändert, wenn wir den Mental Load besiegen

„Eine Reise mit tausend Meilen beginnt mit einem kleinen Schritt."

— Laozi

An dieser Stelle ist unsere Reise zum Mental Load erst einmal fast zu Ende. Aber ich hoffe und wünsche dir sehr, dass die Reise zu deiner BEFREIUNG von deinem persönlichen Mental Load nun Fahrt aufnimmt, in Schwung kommt und dich zu einem guten Ende führen wird. Begonnen hat sie ja schon in dem Moment, als wir uns auf den ersten Seiten dieses Buches trafen.

Du weißt nun eine ganze Menge, hast viele, viele Tipps und Anregungen erhalten und über die Ursachen und Zusammenhänge von Mental Load bei uns Mamas gelesen. Vielleicht schwirrt dir jetzt der Kopf. Viele neue Gedanken eilen hin und her, vieles Alte wirbelt dazwischen herum, und du stehst da und denkst: Jetzt ist mein Kopf noch voller als vorher! Hier kommt noch mein allerletzter und wichtigster Rat:

MACH LANGSAM!

Geh in kleinen Schritten voran, nimm dir die Kapitel einzeln vor und schau ganz in Ruhe, was dich davon betrifft, was momentan in deinem Leben machbar ist und was vielleicht noch warten muss. Erfreue dich an jedem kleinen Erfolg! Und wenn du erst einmal nur ein oder zwei Aufgaben aus deiner Wochenplanung wirfst, die dir 10 Minuten mehr Zeit verschaffen. Zehn Minuten mehr Freiheit! Und wenn du einmal NICHT ans Telefon gehst, wenn deine nervige Freundin anruft, die immer nur von sich selbst redet – gut gemacht, du hast eine klare Entscheidung für dich selbst getroffen! Und wenn du nur drei Pullover und eine Hose oder eine Handvoll alter Kochbücher aussortierst – was weg ist, ist weg!

Kleine Erfolge sind immens wichtig, wenn das große Ganze gelingen soll. Du wirst merken: Jeder noch so kleine Schritt bringt dich voran, er verschafft dir mehr Zufriedenheit und macht dich wieder zu dem, was du eigentlich die ganze Zeit lang warst und immer noch bist: DU SELBST.

Ja, das Konfuzius-Zitat *„Der Weg ist das Ziel"* ist vielleicht ein wenig abgenutzt, aber wir sollten es uns immer und immer wieder bewusst machen: Ein neuer Weg, den wir beschreiten, bringt viele, viele kleine Veränderungen, Neuerungen, Abenteuer, vielleicht manchmal auch Angst, Frust oder

Gefahren. Aber auch daran können wir wachsen, indem wir aus ihnen lernen – für das nächste Mal.

Und noch eines liegt mir sehr am Herzen: GENIEßE!

Frage dich: Woran wirst du dich erinnern, wenn du alt und grau bist? An deinen perfekten Haushalt? Deine gebügelte Wäsche? Dass das Sofa immer voller Krümel war? Nein, das ist es nicht, oder? Es hat doch jetzt schon begonnen: Du denkst gern an Augenblicke und Erlebnisse zurück, die du mit deinen Lieben geteilt hast. Als dein Partner und du abends auf der Couch saßt und ihr beschlossen habt: Wir wollen ein Baby bekommen! Als deine Mama dich mit Freudentränen in den Augen in den Arm nahm, nachdem du ihr gesagt hattest, dass du schwanger bist. Als dein Kind zum ersten Mal „Mama" zu dir sagte. Als ihr euren ersten Urlaub zu dritt verbrachtet. Als dein Kind fragte: „Du mein Freund, Mama?"

Es sind diese Dinge, die zählen!

Johanna Stein

Schlusswort

Seit ich Mama bin, werde ich häufig von älteren Damen angesprochen, und ihre Aussage ist stets die gleiche:

„Genießen Sie die Zeit! Das ist so schnell vorbei."

Anfangs hat mich das unheimlich genervt. Immer derselbe Spruch! Und haben die etwa vergessen oder verdrängt, wie anstrengend es war, Mama von kleinen Kindern zu sein? Mittlerweile aber antworte ich darauf so: „Vielen Dank, ja, das tue ich."

Denn so ist es: Auch, wenn es anstrengend ist, auch, wenn ich meine Bedürfnisse öfter als früher hinten anstellen muss, auch, wenn ich mir manchmal einfach nur die Ohren zuhalten will, weil meine Kinder sich anschreien oder wegen jeder Schramme so laut weinen, als sei mindestens ein Arm oder Bein ab – ich liebe es, dass sie da sind. Genau dieser Spruch „Genießen Sie die Zeit!" enthält im Grunde alles, was ich dir auf den vielen Seiten meines Buches sagen wollte. Es sagt alles aus, was ich fühle und über meine Kinder mittlerweile denke: Ich liebe ihre kleinen Hände, ich liebe ihre funkelnden Augen, ich liebe es, wenn sie von ihrem Tag erzählen oder wenn sie abends an mich gekuschelt einschlafen. Ich liebe es, vor der Lehrerin zu sitzen und zu hören, dass mein Kind wunderbar schreiben kann. Ich drücke mir ein Tränchen weg, wenn mein Sohn Klavier spielt.

Aber all das ist erst möglich, seit ich mir bewusst gemacht habe, dass es irgendwann vorbei sein wird. Es kommt der Tag, da werden sie groß sein, da packen sie ihre Koffer und gehen – für immer. Ja, sie werden mich besuchen, wir werden vielleicht an Weihnachten zusammen feiern oder gemeinsame Ausflüge machen, und auch das wird schön sein. Aber es wird nie mehr so sein wie jetzt, nie wieder so intensiv, so voll, so reichlich. Und ich möchte einfach nicht an diese Zeit zurückdenken und bereuen, dass ich immer gestresst war. Ich will mich nicht nur daran erinnern, dass ich mich permanent überfordert gefühlt habe. Und vor allem will ich nicht denken müssen, dass ich so viele schöne Momente verpasst habe, weil ich immer nur müde war. Ich habe die Erfahrung gemacht, dass es hilft, den einen oder anderen Trick anzuwenden. Einige Sachen zu streichen. Sich auf das, was wichtig ist, zu konzentrieren. Den Moment zu genießen. Störenfriede wegzuschieben. Die Sonne auf mein Gesicht scheinen zu lassen. Ja, kitschig, ich weiß. Aber auch im Kitsch verbergen sich gelegentlich Lebenswahrheiten, oder wenigstens Hinweise.

Ich wünsche dir, dass du deine Kraft findest und Mental Load in deinem Leben den Kampf ansagst. Dass du es anpackst und Schritt für Schritt besiegen kannst. Dass du wieder zu dir selbst und zu einem Stück Lebensqualität zurückfindest. Und dass du merkst, dass das genau genommen gar nicht so schwer ist, dass jede kleine Veränderung etwas Gutes bewirkt. Und wenn dir mein Buch dabei ein wenig geholfen hat, dann bin ich froh.

In diesem Sinne: Genieße die Zeit!

„Wenn uns eine Sache fehlt, sollte uns das nicht davon abhalten, alles andere in vollen Zügen zu genießen."

– Jane Austen

Eine kleine Bitte an dich…

Liebe Leserin, lieber Leser,

vielen lieben Dank, dass du mein Buch gelesen hast. Das freut mich sehr! Ich hoffe, dass dir mein Buch dabei hilft im Alltag glücklicher und zufriedener zu sein und die gemeinsame Zeit mit deinen Liebsten noch mehr zu genießen.

Ich freue mich sehr, wenn dir mein Buch gefallen hat und du mich mit einer Rezension unterstützt. Rezensionen, aber auch Weiterempfehlungen sind für mich als freie Autorin äußerst wichtig.

Alles erdenklich Gute und eine wunderschöne Zeit mit deinen Liebsten!

Johanna Stein

Anmerkungen

[1] Cordula Nussbaum: „Familienalltag locker im Griff." Gräfe und Unzer Verlag. München 2013, S. 17.

[2] Vgl. Sina Teigelkötter: „Das Rattern im Kopf." Ein Interview mit Patricia Cammarata. In: „Eltern Family" 10, 2020, S. 66-69, hier S. 66.

[3] Zu den beiden Aspekten des Mental Load vgl. Simone Schlosser: „Mental Load. Wie gerechte Arbeitsteilung in der Familie gelingen kann." Beitrag Deutschlandfunk Kultur vom 02.03.2020, online eingesehen unter https://www.deutschlandfunkkultur.de/mental-load-wie-gerechte-arbeitsteilung-in-der-familie.976.de.html?dram:article_id=471456, Zugriff am 17.09.2020 um 9:23 Uhr.

[4] Vgl. ebd.

[5] Vgl. https://www.boeckler.de/pdf/p_wsi_report_35_2017.pdf, Zugriff am 17.09.2020 um 10:46 Uhr.

[6] Interessant fand ich bei dieser Studie, dass die Art des Abschlusses offensichtlich keine Rolle spielt: Ganz gleich, ob die Frau einen akademischen Abschluss oder eine Berufsausbildung absolviert hat, die Stundenzahl der unsichtbaren Arbeit ist gleich – und immer über der des Mannes. Ebenfalls aufschlussreich fand ich auch das Thema Einkommen: Egal, ob der Mann über 3.600 Euro oder nur 1.100 Euro monatlich nach Hause bringt, beteiligt er sich

durchschnittlich 2:50 Stunden täglich an der Haus- und Pflegearbeit. Die Frau ist mit durchschnittlich 5 Stunden am Tag dabei, ganz gleich, ob sie nur 500 oder 2.300 Euro verdient (bei den höheren Einkommen für Frauen ab 3.600 Euro prangt übrigens ein dicker, schwarzer Strich).

[7] Vgl. Nussbaum, S. 8 ff.

[8] Walt Disney Studios: „Peter Pan." Nach dem gleichnamigen Buch von James Matthew Barrie. USA 1953.

[9] Die Liste der Madonnen-Bilder ist so lang, dass sie hier unmöglich wiedergegeben werden kann. Offensichtlich kam kein Künstler an diesem Motiv vorbei: Die Namen reichen von Leonardo da Vinci über Albrecht Dürer, Sandro Botticelli, Raffael bis in die Moderne zu Paula Modersohn-Becker. Ja, es gibt auch die Gemälde des liebevollen Josephs mit dem Jesuskind (zum Beispiel von Guido Reni), doch in weit geringerer Zahl und nicht so allgegenwärtig wie die Madonnenbilder.

[10] Lieselotte Ahnert: „Wieviel Mutter braucht ein Kind?" Springer Spektrum Verlag, 2. Auflage 2015, S. 58.

[11] Vgl. ebd., S. 61.

[12] Susanne Mierau: „Mutter sein. Von der Last eines Ideals und dem Glück des eigenen Weges." Beltz Verlag. Weinheim 2019, S. 24-25.

[13] Vgl. ebd., S. 30.

[14] Sabine Bohlmann: „Ein Löffelchen voll Zucker". Gräfe und Unzer Verlag. München 2018, siehe Einband.

[15] Im Schlusswort relativiert Bohlmann zwar mit einigen Sätzen, dass es auch in ihrer Familie Tage gäbe, in denen

„der Wurm“ drin sei, aber für solche Tage empfiehlt sie lapidar: „Augen zu und durch!“ (vgl. ebd., S. 156).

[16] Vgl. z. B. die Werbung für Pumpkin Organics Babynahrung auf dem TV-Sender Sixx.

[17] Vgl. Nussbaum, S. 2 ff.

[18] Christina Mundlos: „Wenn Mutter sein nicht glücklich macht.“ Mvg-Verlag. München 2016, S. 230.

[19] Vgl. ebd., S. 176 ff.

[20] Juul: „Familienhaus“, S. 28.

[21] Vgl. ebd., S. 34.

[22] Vgl. Mierau, S. 32.

[23] Sascha Schmidt: „Wieder Paar sein! Erfüllte Zweisamkeit trotz Arbeit und Kind.“ Humboldt Verlag. Hannover 2017, S. 7.

[24] Vgl. ebd.

[25] Vgl. ebd., S. 12.

[26] Vgl. ebd., S. 20.

[27] Vgl. Werner Stangl: Stichwort: 'Streit'. Online Lexikon für Psychologie und Pädagogik, 2020, www. https://lexikon.stangl.eu/24310/streit/ Zugriff am 23.09.2020 um 10:58 Uhr.

[28] https://instahelp.me/de/lexikon/streiten-ist-gesund/, Zugriff am 23.09.2020 um 11:29 Uhr.

[29] Vgl. Sabine Seichter: „Das „normale“ Kind. Einblicke in die Geschichte der Schwarzen Pädagogik.“ Beltz Verlag. Weinheim 2020, S. 47 ff.

[30] Vgl. ebd., S. 92 und S. 267.

[31] John B. Watson: „Psychological Care of Infant and Child“, New York 1928. Zur Verbreitung vgl. Jens Anderson: „Astrid Lindgren Ihr Leben.“ 6. Auflage. Jens Anderson, Gyldendal/ Deutsche Verlagsanstalt München. Kopenhagen und München 2015, S. 142 ff.

[32] https://www.bpb.de/nachschlagen/lexika/recht-a-z/23282/zuechtigungsrecht, Zugriff am 24.09.2020, 10:20 Uhr.

[33] Aus: „Stolz und Vorurteil“, Verfilmung von Joe Wright nach dem gleichnamigen Roman von Jane Austen. Frankreich/ Großbritannien 2005.

[34] Barbara Lang: „Mindset. Die Macht der Gedanken.“ In: https://journal.bkkgs.de/ausgabe-2020-02/mindset-die-macht-der-gedanken/, Zugriff am 28.09.2020 um 8:23 Uhr.

[35] Der Begriff der "Sich selbst erfüllenden Prophezeihung" wurde 1948 von dem Soziologen Robert K. Merton definiert, vgl. Robert K. Merton: "The self-fulfilling prophecy". In: "The Antioch Review", Jg. 8, 1948, S. 193–210.

[36] Vgl. Barbara Lang: "Mindset".

[37] Vgl. ebd.

[38] Vgl. Lara Buck: „Jetzt das Mindset ändern!“ In: https://journal.bkkgs.de/ausgabe-2020-02/jetzt-das-mindset-aendern/, Zugriff am 28.09.2020 um 10.31 Uhr.

[39] Eyal Winter: „Kluge Gefühle.“ Dumont Verlag. Köln 2015, S. 23.

[40] Gitta Jacob: „Raus aus Schema F. Das innere Kind verstehen, Verhaltensmuster ändern und neue Wege gehen.“ Beltz Verlag. Weinheim 2017, S. 15.

[41] Vgl. ebd., S. 264 ff.

[42] Svea Hehn: „Achtsamkeit in Beruf und Alltag.“ 2. Auflage. Haufe Verlag. Freiburg im Breisgau 2017, S. 12.

[43] Lina Lachmann: „Einfach leben. Der Guide für einen minimalistischen Lebensstil.“ Goldmann Verlag. München 2018, S. 8.

[44] Vgl. Nicole Weiß auf www.familieordentlich.de, Zugriff am 30.09.2020 um 11:46 Uhr.

[45] Lachmann: „einfach leben“, S. 29-30.

[46] Vgl. Janina Sarah Westphal auf www.oh-wunderbar.de, Zugriff am 30.09.2020 um 12:16 Uhr.

[47] Vgl. https://www.apotheken.de/krankheiten/hintergrundwissen/5840-positiver-stress-und-negativer-dauerstress , Zugriff am 01.10. 2020 um 8:53 Uhr.

[48] Vgl. Lena Franck: „5 Arten von Stress, an denen Mütter häufig leiden – du auch?“, In: https://www.kraftvollmama.de/5-arten-von-stress/, Zugriff am 01.10.2020, 14:17 Uhr.

[49] Vgl. Michaela Lang, Oliver Fritsch: „Das Anti-Burnout-Buch. Die wirksamste Strategie zur Stressbewältigung.“ Mvg-Verlag. München 2012, S. 27 ff.

[50] Vgl. ebd., S. 27-28.

[51] Vgl. hierzu auch den Beitrag „Stress abbauen“ auf www.netdoktor.de, Zugriff am 01.10.2020 um 18:59 Uhr.

[52] Vgl. u.a. Thomas Gordon: „Familienkonferenz" (englischer Originaltitel: „Parent Effectiveness Training"). Hoffmann und Campe Verlag. Hamburg 1972.

[53] Vgl. https://www.aerzteblatt.de/archiv/209444/Sport-als-Praevention-Fakten-und-Zahlen-fuer-das-individuelle-Mass-an-Bewegung, Zugriff am 01.10.2020 um 12:44 Uhr, sowie https://www.oberbergkliniken.de/artikel/seelisch-gesund-durch-ernaehrung, Zugriff am 01.10.2020 um 13:03 Uhr.

[54] Vgl. https://www.aerzteblatt.de/archiv/209444/Sport-als-Praevention-Fakten-und-Zahlen-fuer-das-individuelle-Mass-an-Bewegung.

[55] Vgl. ebd.

[56] Lindsey Vonn: „Strong is the new beautiful. Fitness, natürliche Schönheit und gesunde Ernährung." Edel Books Verlag. Hamburg 2017, S. 73.

[57] Vgl. ebd., S. 73 ff.

[58] Vgl. https://worldhappiness.report/ed/2020/, Zugriff am 02.10.2020, 8:51 Uhr.

[59] Vgl. dazu den „OECD Better Life Index" unter http://www.oecdbetterlifeindex.org, Zugriff am 02.10.2020 um 9:07 Uhr.

[60] Vgl. Paul Watzlawick: „Anleitung zum Unglücklichsein." 2. Auflage. Piper Verlag. München 1997, S. 37-38.

[61] Vgl. Rolf Merkle: „Psychologie des Glücks." In: https://www.psychotipps.com/Glueck.html, Zugriff am 02.10.2020 um 9:38 Uhr.

[62] Vgl. Malin Poggemann: „Perfektionismus ablegen." In: www.lernen.net/artikel/perfektionismus-6810/, Zugriff am 04.10.2020 um 9:40 Uhr.

[63] Vgl. Kerstin Güntzel: „Der Perfektionismus will nur geliebt werden." Interview mit Dr. Raphael Bonelli. In: „Eltern", Heft 1, 2020, S. 46-49, hier S. 46.

[64] Vgl. ebd., S. 48-49.

[65] Vgl. ebd., S. 48.

[66] Vgl. Poggemann: „Perfektionismus ablegen."

[67] Vgl. ebd.

[68] Johann Wolfgang von Goethe: „Die Leiden des jungen Werther." 1774. Ungekürzter Text. Hamburger Lesehefte Verlag. Husum/Nordsee 2010, Heft 1, S. 45.

[69] Vgl. Poggemann, S. 49.

[70] Vgl. ebd.

[71] Larissa Rehbock: „Pausengestaltung. Die perfekte Pause." In: https://www.impulse.de/management/selbstmanagement-erfolg/pausengestaltung/3560519.html, Zugriff am 05.10.2020 um 8:36 Uhr.

[72] Vgl. Lena Franck: „Keine Zeit? So geht Zeitmanagement für Mütter!" In: https://www.kraftvollmama.de/zeitmanagement/, Zugriff am 05.10.2020 um 8:54 Uhr.

[73] Vgl. Jesper Juul: „Das Familienhaus", S. 21-24.

[74] Vgl. u.a. die Forschungen von Wolfgang Bossinger und Gunter Kreutz zum Thema Singen, Körper und Psyche:

Wolfgang Bossinger: „Die heilende Kraft des Singens." Books on Demand. Hamburg 2004. Gunter Kreutz: „Warum Singen glücklich macht." Psychosozial-Verlag. Gießen 2014.

75 Vgl. Jesper Juul: „Das Familienhaus", S. 28.

76 Rebekah Borucki: „Happy Minutes. 4 Minuten, die dein Leben verändern." Aus dem Englischen übersetzt von Iris Halbritter. Integral Verlag. München 2017, S. 75.

77 Jeannine Mik, Sandra Teml-Jetter: „Mama, nicht schreien! Liebevoll bleiben bei Stress, Wut und starken Gefühlen." Kösel-Verlag. München 2019, S. 50.

78 Vgl. ebd., S. 51.

79 Vgl. Jesper Juul: „Das Familienhaus", S. 20.

80 Vgl. dazu und zum Thema Gewalt unter Kindern die Ratgeber-Seite https://www.kinder.de/ratgeber-1/gewalt-praevention/gewaltfreie-konfliktloesung/, Zugriff am 06.10.2020 um 9:45 Uhr.

81 Vgl. ebd.

82 https://www.beziehungsorientiert.at/warum-eine-auszeit-dein-kind-nicht-dazu-bringt-sein-verhalten-auf-dauer-zu-aendern/, Zugriff am 06.10.2020 um 10:17 Uhr.

83 Vgl. Mik und Teml-Jetter: „Mama, nicht schreien!", S. 99.

84 Vgl. ebd., S. 106.

85 Vgl. ebd., S. 113.

86 Vgl. dazu auch den Ratgeber „Elternwissen" unter https://www.elternwissen.com/erziehung-

entwicklung/erziehung-tipps/art/tipp/ungewollt-ins-erziehungschaos.html, Zugriff am 06.10.2020 um 11:36 Uhr.

[87] Vgl. u.a. https://www.planet-wissen.de/gesellschaft/familie/familie_im_wandel/index.html #Folgen, Zugriff am 06.10.2020 um 15:05 Uhr.

[88] Vgl. https://dasnuf.de/nachtrag-mental-load-verantwortung-abgeben/, Zugriff am 07.10.2020 um 11:13 Uhr.

[89] Vgl. ebd.

[90] Vgl. ebd.

[91] Vgl. dazu auch u.a. https://www.wunderweib.de/fuenf-tipps-fuer-faires-streiten-67588.html, Zugriff am 07.10.2020 um 12:12 Uhr.

[92] Vgl. https://compassioner.com/allgemein/freundschaften-gestalten-aufraeumen/, Zugriff am 07.10.2020 um 10:23 Uhr.

[93] Vgl. ebd.

[94] Vgl. Julia Anton": Freundschaft am Ende. Wir haben uns nichts mehr zu sagen." Online eingesehen unter https://www.faz.net/aktuell/stil/leib-seele/ich-du-er-sie-es/freundschaft-am-ende-wir-haben-uns-nichts-mehr-zu-sagen-16579078.html, Zugriff am 08.10.2020 um 10:12 Uhr.

Literaturverzeichnis

Bücher und Zeitschriftenartikel

Ahnert, Lieselotte: „Wieviel Mutter braucht ein Kind?“ Springer Spektrum Verlag, 2. Auflage 2015.

Anderson, Jens: „Astrid Lindgren. Ihr Leben.“ 6. Auflage. Jens Anderson, Gyldendal/ Deutsche Verlagsanstalt München. Kopenhagen und München 2015.

Bohlmann, Sabine: „Ein Löffelchen voll Zucker“. Gräfe und Unzer Verlag. München 2018.

Borucki, Rebekah: „Happy Minutes. 4 Minuten, die dein Leben verändern.“ Aus dem Englischen übersetzt von Iris Halbritter. Integral Verlag. München 2017.

Goethe, Johann Wolfgang von: „Die Leiden des jungen Werther.“1774. Ungekürzter Text. Hamburger Lesehefte Verlag. Husum/Nordsee 2010.

Gordon, Thomas: „Familienkonferenz“ (englischer Originaltitel: „Parent Effectiveness Training“). Hoffmann und Campe Verlag. Hamburg 1972.

Güntzel, Kerstin: „Der Perfektionismus will nur geliebt werden." Interview mit Dr. Raphael Bonelli. In: „Eltern Family". Heft 1, 2020, S. 46-49,

Hehn, Svea: „Achtsamkeit in Beruf und Alltag." 2. Auflage. Haufe Verlag. Freiburg im Breisgau 2017.

Jacob, Gitta: „Raus aus Schema F. Das innere Kind verstehen, Verhaltensmuster ändern und neue Wege gehen." Beltz Verlag. Weinheim 2017.

Lachmann, Lina: „Einfach leben. Der Guide für einen minimalistischen Lebensstil." Goldmann Verlag. München 2018.

Lang, Michaela und Fritsch, Oliver: „Das Anti-Burnout-Buch. Die wirksamste Strategie zur Stressbewältigung." Mvg-Verlag. München 2012.

Merton, Robert K.: "The self-fulfilling prophecy". In: "The Antioch Review", Jg. 8, 1948, S. 193–210.

Mierau, Susanne: „Mutter sein. Von der Last eines Ideals und dem Glück des eigenen Weges." Beltz Verlag. Weinheim 2019.

Mik, Jeannine und Teml-Jetter, Sandra: „Mama, nicht schreien! Liebevoll bleiben bei Stress, Wut und starken Gefühlen." Kösel-Verlag. München 2019.

Mundlos, Christina: „Wenn Mutter sein nicht glücklich macht." Mvg-Verlag. München 2016.

Nussbaum, Cordula: „Familienalltag locker im Griff." Gräfe und Unzer Verlag. München 2013.

Schmidt, Sascha: „Wieder Paar sein! Erfüllte Zweisamkeit trotz Arbeit und Kind." Humboldt Verlag. Hannover 2017.

Seichter, Sabine: „Das „normale" Kind. Einblicke in die Geschichte der Schwarzen Pädagogik." Beltz Verlag. Weinheim 2020.

Teigelkötter, Sina: „Das Rattern im Kopf." Ein Interview mit Patricia Cammarata. In: „Eltern Family" 10, 2020, S. 66-69.

Vonn, Lindsey: „Strong is the new beautiful. Fitness, natürliche Schönheit und gesunde Ernährung." Edel Books Verlag. Hamburg 2017.

Watson, John B.: „Psychological Care of Infant and Child", New York 1928.

Watzlawick, Paul: „Anleitung zum Unglücklichsein." 2. Auflage. Piper Verlag. München 1997.

Winter, Eyal: „Kluge Gefühle." Dumont Verlag. Köln 2015.

Internetquellen

Anton, Julia: „Freundschaft am Ende. Wir haben uns nichts mehr zu sagen." Online eingesehen unter

https://www.faz.net/aktuell/stil/leib-seele/ich-du-er-sie-es/freundschaft-am-ende-wir-haben-uns-nichts-mehr-zu-sagen-16579078.html

Buck, Lara: „Jetzt das Mindset ändern!" In: https://journal.bkkgs.de/ausgabe-2020-02/jetzt-das-mindset-aendern

Cammarata, Patricia auf https://dasnuf.de/nachtrag-mental-load-verantwortung-abgeben/. Franck, Lena: „5 Arten von Stress, an denen Mütter häufig leiden – du auch?", In: https://www.kraftvollmama.de/5-arten-von-stress/

- dies: „Keine Zeit? So geht Zeitmanagement für Mütter!" In: https://www.kraftvollmama.de/zeitmanagement/

Lang, Barbara: „Mindset. Die Macht der Gedanken." In: https://journal.bkkgs.de/ausgabe-2020-02/mindset-die-macht-der-gedanken

Merkle, Rolf: „Psychologie des Glücks." In: https://www.psychotipps.com/Glueck.html

Poggemann, Malin: „Perfektionismus ablegen." In: www.lernen.net/artikel/perfektionismus-6810/

Rehbock, Larissa: „Pausengestaltung. Die perfekte Pause." In: https://www.impulse.de/management/selbstmanagement-erfolg/pausengestaltung/3560519.html

Simone Schlosser: „Mental Load. Wie gerechte Arbeitsteilung in der Familie gelingen kann." Beitrag Deutschlandfunk Kultur vom 02.03.2020, online eingesehen unter https://www.deutschlandfunkkultur.de/mental-load-wie-gerechte-arbeitsteilung-in-der familie.976.de.html?dram:article_id=471456/

Stangl, Werner: Stichwort: 'Streit'. Online Lexikon für Psychologie und Pädagogik, 2020. https://lexikon.stangl.eu/24310/streit/

Weiß, Nicole auf www.familieordentlich.de

Westphal, Janina Sarah auf www.oh-wunderbar.de

https://www.aerzteblatt.de/archiv/209444/Sport-als-Praevention-Fakten-und-Zahlen-fuer-das-individuelle-Mass-an-Bewegung

https://www.apotheken.de/krankheiten/hintergrundwissen/5840-positiver-stress-und-negativer-dauerstress

https://www.beziehungsorientiert.at/warum-eine-auszeit-dein-kind-nicht-dazu-bringt-sein-verhalten-auf-dauer-zu-aendern/

https://www.boeckler.de/pdf/p_wsi_report_35_2017.pdf

https://www.bpb.de/nachschlagen/lexika/recht-a-z/23282/zuechtigungsrecht/

https://compassioner.com/allgemein/freundschaften-gestalten-aufraeumen/

https://www.elternwissen.com/erziehung-entwicklung/erziehung-tipps/art/tipp/ungewollt-ins-erziehungschaos.html

https://instahelp.me/de/lexikon/streiten-ist-gesund/.

https://www.kinder.de/ratgeber-1/gewalt-praevention/gewaltfreie-konfliktloesung/

www.netdoktor.de

https://www.oberbergkliniken.de/artikel/seelisch-gesund-durch-ernaehrung

http://www.oecdbetterlifeindex.org

https://www.planet-wissen.de/gesellschaft/familie/familie_im_wandel/index.html#Folgen

https://worldhappiness.report/ed/2020/

https://www.wunderweib.de/fuenf-tipps-fuer-faires-streiten-67588.html

Zitierte Filme

Walt Disney Studios: „Peter Pan." Nach dem gleichnamigen Buch von James Matthew Barrie, USA 1953.

„Stolz und Vorurteil", Verfilmung von Joe Wright nach dem gleichnamigen Roman von Jane Austen. Frankreich/ Großbritannien 2005.

Haftungsausschluss

Dieses Buch enthält Meinungen und Ideen des Autors und hat die Absicht, Menschen hilfreiches und informatives Wissen zu vermitteln. Die enthaltenen Strategien passen möglicherweise nicht zu jedem Leser, und es gibt keine Garantie dafür, dass sie auch wirklich bei jedem funktionieren. Die Benutzung dieses Buchs und die Umsetzung der darin enthaltenden Informationen erfolgt ausdrücklich auf eigenes Risiko. Haftungsansprüche gegen den Autor für Schäden materieller oder ideeller Art, die durch die Nutzung oder Nichtnutzung der Informationen bzw. durch die Nutzung fehlerhafter und/oder unvollständiger Informationen verursacht wurden, sind ausdrücklich ausgeschlossen. Das Werk, inklusive aller Inhalte, gewährt keine Garantie oder Gewähr für Aktualität, Korrektheit, Vollständigkeit und Qualität der bereitgestellten Informationen. Druckfehler und Fehlinformationen können nicht vollständig ausgeschlossen werden.

Medizinischer Haftungsausschuss

Die hier dargestellten Inhalte dienen ausschließlich der neutralen Information, Weiterbildung und Unterhaltung. Sie stellen keine Empfehlung oder Bewerbung der beschriebenen oder erwähnten diagnostischen Methoden oder Behandlungen dar. Der Text ersetzt keinesfalls eine medizinische Beratung durch einen Arzt oder Apotheker und er darf nicht als Basis zur eigenständigen Diagnose und Beginn, Änderung oder Beendigung einer Behandlung von Krankheiten verwendet werden. Bei gesundheitlichen Fragen, Beschwerden oder Problemen konsultieren Sie immer Ihren Arzt!

Impressum

Johanna Stein wird vertreten durch:

Mountainsky Medienagentur

Edition MOGS Verlag

Mellinghofer Str. 168

45473 Mülheim an der Ruhr

E-Mail: info@traditionsagentur.de

Lektorat/Korrektorat: Tina Müller

Covergestaltung und -konzept: Wolkenart – Marie-Katharina Becker

Jahr der Veröffentlichung: 2020

Verantwortlich für den Druck: Amazon Distribution GmbH, Leipzig

Printed in Poland
by Amazon Fulfillment
Poland Sp. z o.o., Wrocław

13527285R00094